ADOPTION

LE GUIDE PRATIQUE

Anne Masselot-Astruc
Docteur en Droit

Quatrième édition
2005

PRAT
ÉDITIONS

CHEZ LE MÊME ÉDITEUR

LES CODES POUR TOUS

- Code civil
- Code pénal
- Code du travail

DES GUIDES PRATIQUES POUR TOUS

Argent

- Donations : le guide pratique
- Immobilier, comment investir ?
- Impôts : payer moins, c'est possible !
- Impôts : votre conseiller fiscal
- Tous vos avantages : comment en profiter ?
- Votre argent : pour mieux gérer, placer, faire fructifier

Droits et démarches

- 100 % légal
- 370 modèles de lettres et de contrats
- Agir en justice
- Le guide de toutes les formalités
- La laïcité en pratique
- Tous vos droits pour gagner, se défendre, réussir

Famille

- Divorce : le guide pratique
- Famille, toutes les aides
- Famille : votre conseiller juridique
- Grands-parents, quels sont vos droits ?
- Le guide familial
- Mère célibataire, quels sont vos droits ?
- PACS : le guide pratique
- Pensions alimentaires : faites respecter vos droits !
- Père, quels sont vos droits ?
- Personnes handicapées : le guide pratique
- Successions : le guide pratique

Logement

- La copropriété de A à Z
- Logement : votre conseiller pratique
- Propriétaires – Locataires : qui paie quoi ?
- Servitudes et mitoyenneté : le guide pratique
- Troubles de voisinage : quels sont vos droits ?

Retraite

- Fonctionnaires, vos retraites après la réforme
- Indépendants, vos retraites après la réforme
- Retraite : votre conseiller quotidien
- Salariés, vos retraites après la réforme

Travail

- 35 heures : le guide pratique
- Accélérez votre carrière
- Associations : le guide pratique
- Cadres : tous vos droits
- Chômage : vos nouveaux droits
- Le conseiller pratique du salarié
- Créer son entreprise : le guide pratique
- Le guide de tous les salaires
- Licenciement : tous vos droits
- Se défendre aux prud'hommes
- Vos droits aux congés : le guide pratique

COLLECTION « COMMUNAUTES »

- Gays et lesbiennes, quels sont vos droits ?
- Immigrés, quels sont vos droits ?
- Intermittents du spectacle, quels sont vos droits ?

Tous les codes et guides sont disponibles sur :
http://www.prat.fr

A collaboré à cet ouvrage : L. Petit.

Si vous désirez recevoir une information sur nos publications, écrivez à :
Éditions Prat, Service Lecteurs - 2, rue Maurice-Hartmann, BP 62, 92133 Issy-les-Moulineaux Cedex

ISBN 2-85890-824-9
ISSN 1272-4955

PRÉFACE

Plus de 4 000 enfants sont adoptés chaque année par des parents français, mais le nombre de demandes est dix fois supérieur.

Pour les parents candidats, l'adoption apparaît avant tout comme un parcours du combattant, véritable chemin de croix, tant les procédures et les règles juridiques sont complexes.

Ce guide de l'adoption s'adresse donc à tous ceux qui envisagent d'adopter en enfant, en France ou à l'étranger, et qui manquent d'informations essentielles sur la ou les démarches à suivre.

Cet ouvrage intéresse également les enfants adoptés, qui souhaitent retrouver leurs origines. Nés sous X, adoptés à l'étranger, ils sont des milliers chaque année à réclamer une part essentielle de leur passé et de leur personnalité. Ce guide présente leurs droits, les obligations de leur famille d'adoption ainsi que des administrations concernées.

Outil de référence pour celui qui s'intéresse ou est directement concerné par l'adoption, ce guide a été conçu comme un outil pratique, permettant à chacun d'obtenir les réponses à ses questions ainsi que les documents qui lui permettront d'accélérer ses démarches. Modèles, textes de lois et adresses utiles viennent donc compléter la présentation des différents régimes d'adoption.

L'adoption, ce mode original de filiation, est un défi trop important que les futurs parents se lancent à eux-mêmes, pour laisser les difficultés procédurales et administratives prendre le pas sur l'émotion. Puisse ce guide vous permettre d'alléger ces tracasseries et de mener à son juste terme cette quête immense.

Nicolas Corato
Responsable éditorial

COMMENT CONSULTER UNE PAGE DE CET OUVRAGE ?

La procédure d'adoption

➤ L'exercice de l'autorité parentale

Avant son placement, l'enfant est généralement placé en pouponnière ou en famille d'accueil. À partir du placement, il est au foyer de ses futurs parents adoptifs. Jusqu'au jugement d'adoption, l'enfant reste toujours sous la même autorité parentale.

Deux cas de figure sont possibles :

1) L'enfant est remis à un OAA. Dès lors :

– soit il reste juridiquement sous l'autorité parentale de ses parents quand ils sont connus, puisqu'aucune tutelle ne se substitue à eux. Or en pratique, l'enfant n'habitant plus avec eux, mais dans une famille d'accueil en attente de son placement, les parents n'auront pas les moyens d'exercer cette autorité. C'est au titre de la « garde » de l'enfant, c'est-à-dire du droit de surveillance que l'organisme, au travers de la famille d'accueil, va prendre pour l'enfant les actes nécessaires à son éducation quotidienne. En théorie, les parents doivent consentir aux décisions importantes ;

– soit, si les parents sont inconnus, l'organisme d'adoption agréé a organisé la tutelle de l'enfant : ce dernier est sous l'autorité du tuteur (le président de l'OAA) et du conseil de famille qui, au titre de la tutelle, exercent les droits issus de l'autorité parentale.

2) L'enfant est pupille de l'État. C'est l'ASE qui prend en charge le pupille (art. 225-5, 3°, CASF) qui est sous l'autorité parentale du tuteur (le préfet) et du conseil de famille.

À noter

Dès que l'adoption est prononcée, l'autorité parentale est transférée aux parents adoptifs.

Attention

Lors d'une adoption plénière, l'article 345 du Code civil ne permet l'adoption d'un enfant de moins de quinze ans que s'il a été accueilli au foyer des adoptants depuis au moins six mois. Cette condition d'accueil de l'enfant se distingue de la condition de placement. Légalement, ces deux délais sont distincts, mais en pratique, ils se confondent.

LA PHASE JUDICIAIRE : LE JUGEMENT D'ADOPTION

La phase judiciaire de la procédure correspond au prononcé de l'adoptio[n] nécessite une décision du juge civil.

L'auteur vous alerte :

À noter

Des remarques et des recommandations sont ainsi soulignées vous permettant de faire face à toutes les situations.

Attention

Des mises en garde.

L'adoption internationale

RÈGLES SPÉCIFIQUES APPLICABLES À L'ADOPTION INTERNATIONALE

La forte augmentation des demandes d'adoption depuis les années 1980 et l'insuffisance d'enfants adoptables sur le plan national a engendré une recrudescence considérable de l'adoption internationale. Parallèlement, les pays pauvres et à forte natalité ne pouvant qu'y répondre favorablement, il a fallu alors rapidement trouver une solution pour éviter dans la mesure du possible les dérives illégales qui en découlaient inévitablement : trafics, vols et ventes d'enfants.

C'est pourquoi une entente internationale garantissant les intérêts de tous a vu le jour grâce à l'élaboration de la Convention internationale de La Haye sur la protection des enfants et la coopération en matière d'adoption le 29 mai 1993.

Cette convention a été signée par la France le 5 avril 1995. Entrée en vigueur depuis le 1er octobre 1998 (*JO*, 13.10.1998, p. 13997), elle joue un rôle primordial dans l'adoption internationale.

En pratique

Les pays signataires de la Convention de la Haye

En octobre 2004, 49 pays avaient signé la Convention de la Haye :

Albanie, Allemagne, Australie, Autriche, Bélarus, Belgique, Bolivie, Brésil, Bulgarie, Burkina Faso, Canada, Chili, Chine, Chypre, Colombie, Costa Rica, Danemark, Équateur, Espagne, États-Unis d'Amérique, Fédération de Russie, Finlande, France, Inde, Irlande, Israël, Italie, Lettonie, Luxembourg, Mexique, Norvège, Panama, Pays-Bas, Pérou, Philippines, Pologne, Portugal, République tchèque, Roumanie, Royaume-Uni, Salvador, Slovaquie, Slovénie, Sri Lanka, Suède, Suisse, Turquie, Uruguay, Venezuela.

Les pays ayant ratifié la Convention de la Haye

En octobre 2004, 46 pays avaient ratifié la Convention de la Haye :

Albanie, Allemagne, Australie, Autriche, Biélorussie, Bolivie, Brésil, Bulgarie, Burkina Faso, Canada, Chili, Chypre, Colombie, Costa Rica, Danemark, Équateur, Espagne, Finlande, France, Inde, Israël, Italie, Lettonie, Luxembourg, Madagascar, Mexique, Norvège, Panama, Pays-Bas, Pérou, Philippines, Pologne, Portugal, République tchèque, Roumanie, Royaume-Uni, Salvador, Slovaquie, Slovénie, Sri Lanka, Suède, Suisse, Thaïlande, Turquie, Uruguay, Venezuela.

Les pays ayant adhéré à la Convention de la Haye

En octobre 2003, 15 pays avaient adhéré à la Convention de la Haye :

Afrique du Sud, Andorre, Burundi, Estonie, Géorgie, Guatemala, Guinée, Islande, Lituanie, Île Maurice, Moldavie, Monaco, Mongolie, Nouvelle-Zélande, Paraguay.

À noter : Le Vietnam, qui était l'un des pays où les Français adoptaient beaucoup d'enfants n'a pas ratifié la Convention de La Haye, mais une convention franco-vietnamienne a été signée.

79

L'auteur vous informe :

Des encadrés :

- Ce sont des informations indispensables dont vous avez besoin au quotidien.
- Des explications pratiques et concrètes vous permettant de comprendre rapidement la question traitée.

COMMENT SE SERVIR DE CET OUVRAGE ?

Divisé en cinq chapitres, cet ouvrage présenté de façon logique, claire et précise vous permettra de connaître la réglementation qui s'applique à l'adoption.

◆ Le premier chapitre dresse un panorama général de l'adoption (p. 5). Il présente les différents textes à connaître, les intervenants que vous rencontrerez et il fait le point sur la loi relative à l'accès aux origines des personnes adoptées et pupilles de l'État.

◆ Les conditions relatives à l'adoption sont décrites dans le deuxième chapitre (p. 19). Sont ainsi développées les conditions relatives à l'âge, à la situation matrimoniale des personnes qui souhaitent adopter... La réglementation applicable au secret des origines et à l'accouchement sous X est largement exposée.

◆ Le troisième chapitre est consacré à la procédure (p. 49). Il présente les différentes étapes à respecter pour adopter un enfant.

◆ L'adoption internationale fait l'objet du quatrième chapitre (p. 77). Sont ainsi présentées les dispositions de la convention de La Haye et les conséquences qui en découlent pour les démarches à accomplir.

◆ Le cinquième et dernier chapitre concerne les effets de l'adoption, effets sur le nom, sur l'obligation alimentaire, sur les successions... (p. 97).

Une table des matières est placée en début d'ouvrage. N'hésitez pas à la consulter pour vous familiariser avec la structure de l'ouvrage.

Cet ouvrage est en outre complété par les annexes suivantes :

◆ **Les modèles** (p. 121) dont vous pourrez utilement vous servir lors de vos démarches.

◆ **Les adresses utiles** (p. 137) vous permettant de contacter les organismes qui pourront vous renseigner, vous conseiller ou vous guider.

◆ **Les textes de loi** (p. 141) qui reproduisent les articles des codes et des lois les plus importantes cités dans le corps du texte.

◆ **Le lexique** (p. 189) qui vous permettra de comprendre, le cas échéant, le sens des termes juridiques utilisés.

◆ **L'index alphabétique** (p. 193) afin de repérer directement la page où figure l'information recherchée.

LISTE DES ABRÉVIATIONS

1re ch. civ.	: Première chambre civile
Al.	: Alinéa
Art.	: Article
ASE	: Aide sociale à l'enfance
C. cass.	: Cour de cassation
C. civ.	: Code civil
C. séc. soc.	: Code de la Sécurité sociale
C. tr.	: Code du travail
CA	: Cour d'appel
CAA	: Cour administrative d'appel
CADA	: Commission d'accès aux documents administratifs
CASF	: Code de l'action sociale et des familles
CE	: Conseil d'État
Ch. de la famille	: Chambre de la famille
CNAOP	: Conseil national d'accès aux origines personnelles
COJ	: Code de l'organisation judiciaire
Comm.	: Commentaire
DDASS	: Direction départementale des Affaires sanitaires et sociales
Décr.	: Décret
Dr. famille	: Droit de la famille (revue)
Gaz. Pal.	: Gazette du Palais
IR	: Informations rapides
JCP	: Juris-classeur périodique (Semaine juridique)
JCP, G	: Juris-classeur périodique (Semaine juridique), Édition générale
JDJ	: Journal du droit des jeunes
JO	: Journal officiel
NCPC	: Nouveau Code de procédure civile
OAA	: Organisme d'adoption agréé
Req.	: Requête
Rev. adm.	: Revue administrative
RTDC	: Revue trimestrielle de droit civil
SIAPE	: Système d'information pour l'adoption des pupilles de l'État
Somm.	: Sommaire
TA	: Tribunal administratif
TGI	: Tribunal de grande instance
TI	: Tribunal d'instance
UDAF	: Union départementale des associations familiales

TABLE DES MATIÈRES

LE CADRE GÉNÉRAL

LES CONDITIONS D'ADOPTION

LA PROCÉDURE D'ADOPTION

L'ADOPTION INTERNATIONALE

LES EFFETS DE L'ADOPTION

LE CADRE GÉNÉRAL

Tous les enfants ne sont pas adoptables et n'importe qui ne peut pas adopter : il existe une réglementation qui détermine les conditions tenant à la fois aux enfants adoptables et aux candidats à l'adoption, et à laquelle il est impossible de déroger.
L'adoption est un mode de filiation fictif d'imitation qui repose sur la création juridique d'un lien identique à celui de la filiation biologique.
Si l'adoption répond avant tout à l'intérêt d'un enfant sans famille, force est de constater qu'à l'heure actuelle, il représente l'ultime solution pour répondre au désir d'enfant d'un couple.
L'adoption est un mode de filiation qui réunit deux volontés : celle de donner une famille à un enfant qui en est privé, et celle de donner un enfant à une famille qui en souhaite.

Pour trouver le thème qui vous intéresse, consultez la table des matières en début de volume ou l'index alphabétique en fin de volume.

LE CADRE LÉGAL

L'adoption des enfants abandonnés a longtemps été laissée à l'initiative privée des œuvres de charité. Depuis le début du XXe siècle, avec la création de l'ancienne Assistance publique, cette tâche appartient à l'État et aux départements. Depuis, par un décret du 24 janvier 1956, le Service social d'aide et de soutien des familles en difficulté a été rebaptisé Aide sociale à l'enfance (ASE), et la loi de décentralisation du 22 juillet 1983 confère au département, sous la responsabilité du conseil général, la mission de protection de l'enfance.

Dans ce cadre institutionnel s'inscrit la compétence du département dans le recueil des enfants abandonnés et le rôle d'intermédiaire à l'adoption. Cette compétence, partagée avec les organismes privés, est soumise à une certaine réglementation.

La France connaît une forte croissance des demandes à l'adoption et le nombre d'enfants en France ne suffit plus à satisfaire les candidats qui se tournent désormais de plus en plus vers l'adoption internationale. La France est, en effet, le deuxième pays qui adopte le plus après les États-Unis.

LES TEXTES

Devant la recrudescence de cette demande, et pour faire face aux risques de trafics d'enfants qui en résultaient inévitablement, la France a signé la convention de La Haye le 5 mai 1995 et l'a ratifiée le 9 mars 1998. Cette convention assure une coopération entre tous ses pays membres, en garantissant la légalité de la procédure, ainsi que la préservation de l'intérêt de l'enfant étranger adopté.

En droit français, c'est la loi n° 96-604 du 5 juillet 1996, complétant les lois n° 66-500 du 11 juillet 1966 et n° 76-1179 du 22 décembre 1976 qui constitue le fondement des règles de droit civil de l'adoption figurant dans le Code civil. Le Code de l'action sociale et des familles régit pour partie la procédure d'adoption relative à l'Aide sociale à l'enfance.

LES DEUX FORMES D'ADOPTION

La loi n'autorise pas l'adoption de n'importe quel enfant par n'importe quelle personne.

En France, il existe deux formes d'adoption : l'adoption simple et l'adoption plénière.

Le choix de l'adoption dépend du cas de figure recherché et de l'intensité des liens de filiation désirée.

➤ L'adoption simple

L'adoption simple ne crée aucune rupture des liens d'origine de l'adopté. Ainsi, la filiation adoptive se superpose à la filiation originaire : l'adopté possède alors deux filiations : sa filiation par le sang et sa filiation adoptive.

➤ L'adoption plénière

En revanche, l'adoption plénière rompt complètement les liens d'origine de l'adopté, qui entre complètement et exclusivement dans sa famille adoptive, comme s'il en était né.

➤ Des effets différents

Les conditions et les effets ne sont évidemment pas les mêmes. Une famille qui ne peut pas procréer et qui désire adopter un enfant choisira certainement une adoption plénière, afin d'élever l'enfant comme si elle l'avait conçu. En revanche, l'adoption peut avoir uniquement pour but de créer un lien juridique entre deux personnes majeures afin de consolider un rapport filial existant : dans ce cas-là, l'adoption simple peut suffire.

Pour connaître le type d'adoption qui correspond le mieux à l'effet recherché, il faut être informé des conditions relatives aux deux types d'adoption, ainsi que des effets qui en découlent.

Les adoptions simple et plénière se distinguent essentiellement par leurs conséquences. Les conditions et la procédure d'adoption sont, à certaines exceptions près, les mêmes. Sur deux points, l'adoption simple est plus souple : pour le choix et l'âge des enfants, et l'accueil de l'enfant au foyer des adoptants. Pour chaque étape, la procédure est la même, référence est faite à chaque fois au type d'adoption.

Attention

La procédure d'adoption est très réglementée. Qu'elle soit nationale ou internationale, des règles légales doivent être respectées : les enfants ne sont adoptables qu'à la réunion de certaines conditions et les personnes qui prétendent à l'adoption doivent remplir les conditions juridiques requises et se soumettre à une procédure judiciaire.

Lorsque les conditions légales sont remplies, l'adoption comporte deux phases : la phase administrative, relative à l'agrément, et qui permet l'accueil d'un enfant, et la phase judiciaire, qui correspond au prononcé du jugement d'adoption.

Dans le cadre de l'adoption internationale, certaines règles spécifiques inhérentes au caractère particulier de ce type d'adoption et au respect des règles étrangères justifient une procédure particulière.

Enfin, lorsque l'enfant est adopté, son arrivée dans la famille implique des conséquences pratiques et juridiques diverses, tant au regard de l'adoptant qu'au regard de l'adopté.

QUELQUES CHIFFRES

Le nombre des demandes d'adoption dépasse très largement celui des enfants adoptables en France, ce qui a conduit de plus en plus d'adoptants à se tourner vers une adoption internationale. En 1980, 935 enfants étrangers ont été adoptés, en 1986, 2 227, en 1997, 3 533, et en 2003, 3 995.

LES DIFFÉRENTS INTERVENANTS

L'adoption d'un enfant se présente de prime abord comme la réalisation d'un des désirs les plus naturels : celui de faire sien un enfant, en l'aimant et en lui apportant une éducation et un soutien matériel nécessaires à son épanouissement, lui permettant ainsi l'accès à la vie d'adulte.
Cependant, avant d'être confié à ses parents adoptifs, un enfant a une vie, parfois très courte (deux mois), mais qui sous-entend un passé qui justifie sa condition d'enfant adoptable. Dans une procédure d'adoption, un grand nombre d'intervenants extérieurs, privés et/ou publics apparaissent, à des stades et des degrés divers, et dont les rôles sont totalement différents selon les cas de figure. Certains intervenants apparaissent systématiquement, d'autres n'auront un rôle à jouer qu'en fonction des circonstances. Il convient de faire un point sur chacun d'eux, ainsi que sur leur fonction.

LES ADMINISTRATIONS

➤ L'Aide sociale à l'enfance (ASE)

Anciennement la DDASS (direction départementale des affaires sanitaires et sociales), l'Aide sociale à l'enfance est l'institution administrative de protection de l'enfant au niveau départemental, elle dépend du président du conseil général. L'Aide sociale à l'enfance, communément appelée l'ASE existe pour chaque département, dans le cadre du conseil général. Toute procédure d'adoption est diligentée au niveau départemental. Dans le cadre de sa mission, l'Aide sociale à l'enfance intervient obligatoirement dans trois cas :

• *Lors de la prise en charge d'un pupille de l'État*

Un enfant est pupille de l'État lorsque, recueilli par l'Aide sociale à l'enfance (sur la volonté de ses parents, ou des personnes qui en ont la charge, ou sur décision judiciaire, sauf lorsqu'il est trouvé), il se trouve dans certains cas prévus par la loi et qui nécessitent l'organisation de sa protection, par substitution à celle normalement apportée par ses parents. Cette protection est assurée par l'Aide sociale à l'enfance, qui « recueille » l'enfant, le place selon son âge en pouponnière ou en famille d'accueil et gère sa personne et ses biens en organisant une tutelle (composée d'un tuteur, toujours représenté par le préfet, et d'un conseil de famille), désignée pour prendre toutes les décisions importantes relatives à la vie de l'enfant (tous les droits issus de l'autorité parentale quant à la personne et aux biens de l'enfant). Dès lors, le rôle du tuteur est de lui trouver une famille d'adoption correspondant à sa personnalité et à ses besoins.

- ***Lors de l'octroi de l'agrément administratif***

Lorsque l'obtention de l'octroi de l'agrément administratif est nécessaire pour adopter un enfant, l'Aide sociale à l'enfance gère et instruit les dossiers de demande d'agrément. C'est le président du conseil général qui rend les décisions d'agrément.

- ***Lors d'une adoption diligentée par l'intermédiaire d'un organisme d'adoption agréé***

Lorsque l'adoption est diligentée par l'intermédiaire d'un organisme d'adoption agréé, et que l'agrément n'est pas nécessaire (pour un enfant ni étranger, ni pupille de l'État), l'autorité publique, représentée dans le département par le président du conseil général, a pour mission d'organiser et de contrôler la protection des enfants hors du domicile de ses parents ou de son tuteur (art. L. 227-1, CASF). Lorsqu'un enfant est confié à un organisme d'adoption agréé pour y être adopté et que ses parents sont inconnus, une tutelle est organisée afin de désigner un tuteur et un conseil de famille (composé de professionnels) qui vont prendre, à la place des parents, toutes les décisions nécessaires à la vie de l'enfant. Le tuteur possède les droits et obligations d'autorité parentale normalement dévolus aux parents. Le tuteur désigné par la loi étant toujours le président de l'organisme, personne privée, ce dernier ne peut pas recueillir à son domicile tous les enfants placés sous sa tutelle. Ils sont placés en famille d'accueil ou en pouponnière avant d'être adoptés, le président du conseil général a donc, dans le cadre de sa mission de protection des enfants (art. L. 227-1, CASF), un « droit de regard » sur les enfants légalement placés hors de leur domicile familial. L'organisme (représenté par le tuteur) doit régulièrement lui rendre des comptes avant son adoption. Le président du conseil général a également compétence pour valider le choix des parents adoptifs présenté par l'organisme.

À noter

Le président du conseil général est également compétent pour habiliter les organismes d'adoption à œuvrer dans leur département conformément au respect de la réglementation en vigueur, en délivrant leur agrément (ce qui leur confère le titre d'« organisme d'adoption agréé »).

➤ La Commission d'accès aux documents administratifs (CADA)

La Commission d'accès aux documents administratifs est un organisme consultatif qui peut être saisi par toute personne à qui la communication d'un document administratif a été refusée.

Cette commission est composée de hauts fonctionnaires, élus locaux et parlementaires.

La loi du 17 juillet 1978 accorde une liberté d'accès aux documents administratifs ouvrant droit à toute personne intéressée d'en prendre connaissance. En cas de refus, cette personne peut saisir la CADA par simple lettre, dans les deux mois du refus.

À noter

Un refus de l'Administration peut être explicite, mais aussi implicite (en cas de silence de sa part pendant quatre mois).

La CADA ne rend pas une décision, mais un avis sur le caractère communicable du document en cause, rendu dans le mois suivant sa saisine. Ses avis tiennent lieu de jurisprudence.

La CADA peut être saisie en cas de refus de communication de dossier de pupille ou d'ancien pupille, ou simplement en cas de refus de communication de certaines pièces détenues par l'Aide sociale d'un département ou par une mairie (au sujet de pièces d'état civil notamment).

➤ Le ministère des Affaires étrangères

Le ministère des Affaires étrangères intervient à différents degrés dans toute procédure d'adoption internationale :

- Il délivre, par l'intermédiaire de la Mission de l'adoption internationale, un agrément spécifique aux organismes d'adoption agréés qui désirent recueillir des enfants à l'étranger (doublé de l'agrément délivré par le président du conseil général au niveau départemental).
- Il « légalise » tous les dossiers d'adoption internationale.

En pratique

La Mission de l'adoption internationale (MAI)

C'est un organisme rattaché au ministère des Affaires étrangères.
Il gère et instruit les dossiers d'adoption internationale (que le pays ait ou non ratifié la convention internationale de La Haye).
Il est en liaison avec les autorités centrales des pays étrangers qui ont ratifié la convention de La Haye.
Il délivre les visas de sortie du territoire étranger de l'enfant adopté et d'entrée en France de ce même enfant.

LES AUTORITÉS JUDICIAIRES

Le tribunal de grande instance

Le tribunal de grande instance intervient dans une procédure d'adoption, de deux manières :

- Avant le jugement d'adoption : au cours de la procédure, le tribunal de grande instance est compétent pour juger tous les recours concernant la filiation (reconnaissance d'enfants, recherches de maternité ou paternité), l'exercice de l'autorité parentale (retrait total ou partiel), ou la procédure d'adoption (la requête en déclaration judiciaire d'adoption, le refus abusif d'adoption ; l'admission de l'enfant à l'Aide sociale à l'enfance en tant que pupille de l'État, la décision de placement d'un enfant, la restitution d'un enfant non encore placé dans sa future famille adoptive...).

La procédure d'adoption est dans ce cas dite « contentieuse », le tribunal de grande instance étant saisi pour résoudre un litige entre deux parties opposées (prononcer une adoption malgré le refus abusif des parents, déclarer judiciairement un enfant abandonné, etc.).

- Lors du jugement d'adoption : le tribunal de grande instance prononce le jugement d'adoption, et statue également sur ses conséquences (changement de prénoms, adjonction du nom de famille...).

La procédure d'adoption est alors dite « gracieuse », en ce sens que le tribunal n'intervient que pour contrôler les conditions relatives à l'adoption et la prononcer, le cas échéant. Dans cette hypothèse, le tribunal est saisi par l'adoptant, seule partie à l'instance, qui dépose une requête en adoption.

Attention

Si le tribunal prononce l'adoption et qu'une autre partie décide de s'y opposer en exerçant un recours, les juges seront alors saisis pour trancher un litige entre deux parties opposées et la procédure deviendra contentieuse.

Le juge des enfants

Le juge des enfants est un juge dont le rôle repose sur la protection de l'enfant en danger. Ce juge est saisi au titre de l'« assistance éducative », c'est-à-dire que sa compétence est légalement reconnue lorsque les personnes qui exercent sur l'enfant l'autorité parentale (c'est-à-dire généralement les parents) n'assurent plus suffisamment sa protection.

L'autorité parentale est un ensemble de droits et de devoirs qui impose légalement à ceux qui en ont l'exercice le respect de la santé, la sécurité et la moralité de l'enfant (art. 371-2, C. civ.). Ces obligations sont laissées à l'appréciation des parents, qui sont à même de prendre les meilleures décisions dans l'intérêt de l'enfant en ce qui concerne sa santé, son éducation, etc. Mais les parents ne sont pas tout-puissants dans l'exercice de cette autorité parentale (ils doivent surveiller l'enfant, lui assurer une bonne éducation, ne pas le maltraiter...). La limite à partir de laquelle l'intervention du juge des enfants devient nécessaire pour protéger l'enfant « contre » ses parents qui ne peuvent ou ne veulent plus, à un moment donné, et pour quelque raison que ce soit s'occuper de lui est le critère légal du « danger » sur la santé, la sécurité ou la moralité de l'enfant, ou celui de « conditions d'éducation gravement compromises » (art. 375, C. civ.).

Le juge des enfants peut être saisi par requête émanant des père et mère ensemble (s'ils reconnaissent leur incapacité ou difficultés momentanées), ou seulement de l'un d'eux, de la personne ou le service social à qui l'enfant a été confié (s'il a été confié auparavant par les services sociaux en accord avec les parents), de l'enfant lui-même ou de son tuteur (s'il n'a plus de parents), ou enfin du ministère public (prévenu en cas de maltraitance, par exemple). Exceptionnellement, le juge des enfants peut se saisir lui-même.

Ce critère légal de danger est évidemment soumis à une appréciation objective (certificat médical attestant d'un mauvais état de santé, témoignages, absentéisme scolaire...).

Lorsqu'il est saisi et qu'il constate l'existence d'un danger, le juge des enfants prend alors une mesure dite d'« assistance éducative » et impose (à la différence des services sociaux qui agissent de manière préventive, en dehors d'un danger au sens légal du terme et toujours en accord avec les familles) certaines mesures qui vont altérer plus ou moins les droits des parents. Ces mesures peuvent être le retrait de l'enfant de sa famille et son placement dans un service social, un établissement ou une institution particuliers adaptés à son état (physique ou mental), une famille d'accueil, etc.

La mesure d'assistance éducative n'a pas pour but de sanctionner les parents, mais de les aider, de les assister, afin de restaurer le plus tôt possible le lien parental.

Or, dans ces hypothèses de placement, les parents peuvent au contraire se désintéresser de l'enfant (selon des critères légaux établis). Ce dernier pourra alors, dans son intérêt, devenir juridiquement adoptable.

Attention

Lorsque l'enfant est retiré de sa famille et placé sans décision du juge des enfants, mais sur proposition des services sociaux et en accord avec les familles, il peut devenir adoptable selon les mêmes critères (abandon, désintérêt juridiquement constaté des parents).

➤ Le juge des tutelles

Le juge des tutelles est un juge qui intervient pour contrôler la procédure et le bon déroulement d'une tutelle ouverte sur un enfant (il se trouve au tribunal d'instance du lieu du domicile de la personne mise sous tutelle).

Bon à savoir

Définition de la tutelle

La tutelle est une institution légale de protection de l'enfant mineur non émancipé ouverte pour assurer, à la place de ses parents, l'exercice de l'autorité parentale et la gestion de son patrimoine s'il en possède un. Ainsi, cette situation suppose une carence parentale.

◆ ***Cas d'ouverture de la tutelle***

La loi prévoit plusieurs cas dans lesquels l'ouverture d'une tutelle est tantôt une solution obligatoire, tantôt une solution seulement possible pour l'enfant :

- La tutelle d'un enfant mineur est obligatoirement ouverte lorsque ses parents sont tous deux décédés (art. 390, C. civ.).

- La tutelle est ouverte sur un enfant dont les parents sont tous les deux, soit dans l'impossibilité d'exercer leur autorité parentale parce qu'ils sont juridiquement incapables (c'est-à-dire eux-mêmes sous tutelle, curatelle ou sauvegarde de justice), absents ou hors d'état de manifester leur volonté (pour quelque raison que ce soit), soit sur un enfant dont les parents ont consenti à déléguer leur autorité parentale (à la personne, à l'établissement ou au service départemental de l'Aide sociale à l'enfance à qui l'enfant a été confié, en accord avec le juge aux affaires familiales), soit parce que cette autorité parentale leur a été retirée sur décision judiciaire (en raison d'une condamnation civile ou pénale) (art. 373, C. civ.).

- La tutelle peut être ouverte lorsque, dans la gestion des biens d'un enfant par ses deux parents ou de l'un seulement, le juge des tutelles décide que la tutelle doit remplacer en raison d'une cause grave l'administration légale des biens du mineur appartenant normalement aux parents (art. 391, C. civ.).

- La tutelle est obligatoirement ouverte dès qu'un enfant est déclaré pupille de l'État (art. L. 224-6, CASF).

- La tutelle d'un enfant peut être ouverte lorsqu'il est confié à un tiers pour quelque raison que ce soit (en accord avec les parents ou sur décision du juge des enfants). Lorsqu'un enfant est confié à un tiers, les parents continuent en principe à exercer l'autorité parentale. Le juge aux affaires familiales peut toutefois décider de l'ouverture d'une tutelle (art. 373-4, C. civ.).

À noter

Lorsque la tutelle est « vacante », c'est-à-dire lorsqu'aucun proche de l'enfant n'est désigné tuteur, elle est automatiquement déférée à l'Aide sociale à l'enfance (art. 433, C. civ.).

◆ ***Fonctionnement de la tutelle***

La tutelle est composée d'un tuteur et d'un conseil de famille. Le tuteur (qui peut être l'un de ses parents ou l'un de ses proches) prend seul pour l'enfant les décisions de la vie quotidienne et en accord avec le conseil de famille celles qui sont plus graves. Le conseil de famille comprend quatre à six membres (qui peuvent également être des membres de la famille). Le juge des tutelles intervient pour ouvrir la tutelle et contrôler les actes du tuteur et du conseil de famille (ces derniers doivent rendre des comptes tous les ans), sauf dans le cas de la tutelle d'un pupille de l'État.

LES ASSOCIATIONS

Il existe en France une forte mobilisation associative autour de l'adoption qui représente tous les intérêts en cause dans l'histoire d'une adoption. Ces associations s'adressent tant aux adoptants qu'aux adoptés ou aux parents qui ont abandonné leurs enfants, comme *Enfance et famille d'adoption*, principale association dans ce domaine et représentée dans toute la France, ou les associations de pupilles ou d'anciens pupilles de l'État. Certaines associations ont un but plus précis de soutien ou d'aide, et/ou en militant activement en faveur de leur cause et en apportant des conseils aux personnes concernées, (comme par exemple la Fédération Alexis-Danan *Enfance Majuscule*, ou l'AMO, l'*Association des mères de l'ombre*).

Ces associations jouent un rôle de plus en plus important, tant au niveau des familles et des enfants adoptés qu'au niveau institutionnel et administratif puisqu'elles sont de plus en plus reconnues et associées à certaines procédures relatives à l'adoption, jouant ainsi pleinement leur rôle de représentation des intérêts particuliers auprès des instances administratives. Le conseil de famille des pupilles de l'État est composé, entre autres membres, de représentants d'associations de pupilles et d'anciens pupilles de l'État. En outre, depuis la loi du 5 juillet 1996, l'Autorité centrale pour l'adoption compte parmi ses membres des représentants d'OAA et d'associations de familles adoptives.

En pratique

Les organismes d'adoption agréés (OAA)

Ce sont des associations privées, dont les membres, bénévoles, ont une double vocation : ils recueillent les enfants dont les parents consentent à l'adoption et reçoivent les candidats à l'adoption afin de les mettre en relation avec un enfant (qu'ils auront recueilli, en France, ou à l'étranger, en fonction des contacts avec d'autres associations ou orphelinats).

Ces organismes pour l'adoption sont soumis à une autorisation départementale et/ou ministérielle en cas d'adoption à l'étranger. Le fait qu'ils soient agréés constitue une garantie procédurale et légale pour les candidats à l'adoption, mais aussi pour les parents qui leur confient un enfant. Leur activité, qualifiée légalement d'« intermédiaire pour l'adoption » ne peut être exercée que par une personne morale de droit privé. Leur fonctionnement est régi par le décret n° 2002-575 du 18 avril 2002.

L'ACCÈS AUX ORIGINES DES PERSONNES ADOPTÉES

LE CONSEIL NATIONAL SUPÉRIEUR POUR L'ACCÈS AUX ORIGINES PERSONNELLES (CNAOP)

La loi du 22 janvier 2002 relative à « l'accès aux origines des personnes adoptées et pupilles de l'État » réglemente et organise, sous certaines conditions, la recherche et l'accès des origines biologiques des enfants nés dans le secret.

À cette fin, un Conseil national supérieur pour l'accès aux origines personnelles a été créé (art. L. 147-1, CASF). Il siège à Paris auprès du ministre chargé des Affaires sociales.

Ce conseil est chargé de faciliter les demandes d'accès aux origines personnelles des enfants qui en font la recherche. Il joue le rôle d'intermédiaire entre les parents biologiques et l'enfant lorsque ce dernier formule une telle demande.

➤ La composition du Conseil national pour l'accès aux origines personnelles

Le Conseil national pour l'accès aux origines personnelles est composé d'un magistrat de l'ordre judiciaire, d'un membre de la juridiction administrative, de représentants des ministres concernés, d'un représentant des conseils généraux, de trois représentants d'associations de défense des droits des femmes, d'un représentant d'associations de familles adoptives, d'un représentant d'associations de pupille de l'État, d'un représentant d'association de défense du droit à la connaissance de ses origines, ainsi que de deux personnalités que leurs expériences et compétences professionnelles médicales, paramédicales ou sociales qualifient particulièrement pour l'exercice de telles fonctions.

En outre, le président du Conseil national peut appeler à participer, à titre consultatif, toute personne qui lui paraît utile (notamment des représentants des organismes d'adoption agréés et habilités ou des représentants départementaux dudit conseil).

➤ Le rôle du Conseil national pour l'accès aux origines personnelles

Le Conseil national a pour fonction principale de recevoir, concurremment avec le conseil général, les demandes d'accès aux origines personnelles des enfants nés sous X et de faciliter leurs recherches en effectuant les démarches nécessaires auprès des départements avec lesquels ils entretiennent une liaison.

Pour cela, il centralise d'une part, les demandes formulées par les enfants et d'autre part, les différentes déclarations relatives à l'identité des parents, à savoir :

- la déclaration des parents qui désirent lever le secret de leur identité ;
- les déclarations d'identité des parents qui émanent de leurs ascendants, descendants et collatéraux privilégiés (c'est-à-dire leurs frères et sœurs) ;
- la demande du père ou de la mère biologique s'enquérant de leur recherche éventuelle par leur enfant (art. L. 147-2, CASF).

Le Conseil national est chargé de communiquer au président du conseil général une copie de l'ensemble de ces demandes et déclarations ainsi reçues, et ce dans le délai d'un mois à compter de leur réception. Ces pièces sont versées au dossier de l'enfant conservé sous la responsabilité du président du conseil général.

Pour répondre aux demandes d'accès aux origines dont il est saisi, le Conseil national est habilité à obtenir auprès des établissements de santé, des services sociaux départementaux et des organismes d'adoption agréés la copie des éléments relatifs à l'identité soit de la mère qui a accouché sous X, soit de la ou les personnes qui ont remis l'enfant en vue de son adoption, avec demande de secret sur l'identité du ou des parents (possibilité qui était offerte aux parents pendant la première année de l'enfant. Cette disposition légale a été abrogée par la loi du 22 janvier 2002. Cette situation ne concerne que les enfants nés avant cette date).

Le Conseil supérieur travaille également en relation avec la Mission de l'adoption internationale, l'Autorité centrale pour l'adoption et les organismes d'adoption agréés auprès desquels il se procure des renseignements que ces derniers pourraient obtenir des autorités étrangères en complément des informations reçues initialement (art. L. 147-5, CASF).

Le Conseil national possède en outre un rôle d'information des départements et collectivités d'outre-mer et des organismes d'adoption agréés sur la procédure de recueil des enfants nés sous X, ainsi que sur la prise en charge et l'accompagnement des mères dans leur démarche.

Enfin, le Conseil national établit un rapport d'activité annuel rendu public.

LE CONSEIL SUPÉRIEUR DE L'ADOPTION

La loi du 22 janvier 2002 a également créé un Conseil supérieur à l'adoption auprès du Premier ministre.

Le Conseil supérieur de l'adoption comprend trente membres nommés par arrêté du ministre chargé de la Famille pour trois ans renouvelables deux fois (art. L. 147-1, CASF, issu de la loi du 22.1.2002 et décret n° 2002-473 du 8.4.2002). Son président est nommé par décret (décret du 8.4.2002).

Ce conseil est composé de hauts fonctionnaires (un sénateur, un député, deux présidents de conseils généraux, deux représentants du garde des Sceaux, un représentant du ministre chargé de la Famille, un représentant du ministre chargé de la Santé, deux représentants du ministre des Affaires étrangères, dont un représentant de la Mission de l'adoption internationale), de trois magistrats, de deux directeurs départementaux des Affaires sanitaires et sociales, de deux représentants des services d'action sociale et de santé des départements, ainsi que d'un représentant des associations de familles adoptives au niveau national, un représentant des associations de personnes adoptées au niveau national, deux représentants d'associations de familles adoptives, un représentant d'associations de pupilles et d'anciens pupilles de l'État, deux représentants d'organismes agréés d'adoption, et un représentant du service social d'aide aux émigrants. Le conseil compte également parmi ses membres six personnes qualifiées en raison de leurs titres ou de leurs travaux par lesquels elles ont contribué à la connaissance de l'adoption.

Ce conseil supérieur émet des avis et formule toutes propositions utiles relatives à l'accès aux origines personnelles. Il peut également être consulté sur des mesures législatives et réglementaires y afférentes (art. L. 147-1, CASF, issu de la loi du 22.1.2002).

L'AUTORITÉ CENTRALE POUR L'ADOPTION

La loi du 22 janvier 2002 a également placé auprès du Premier ministre l'Autorité centrale pour l'adoption. Composée à l'origine de trois représentants des ministères des Affaires étrangères, de la Justice et du ministère chargé de la Famille (décret du 23.9.1998), ainsi que de deux représentants des conseils généraux et de son président, cette autorité compte désormais parmi ses membres deux représentants des organismes agréés pour l'adoption et deux représentants des associations de familles adoptives.

Cette autorité est chargée d'orienter et de coordonner l'action des administrations et des autorités compétentes en matière d'adoption.

LES CONDITIONS D'ADOPTION

Il est important de savoir quel type d'adoption choisir (adoption simple ou adoption plénière), puisque les conditions qui tiennent autant à l'enfant adopté qu'au candidat à l'adoption en dépendent. Quel que soit le type d'adoption choisi, tous les enfants ne sont pas adoptables, et toute personne désireuse d'adopter doit remplir certaines conditions. Les principes généraux qui régissent les conditions d'adoption s'appliquent à l'une ou l'autre forme d'adoption (simple ou plénière), sous réserve des dispositions particulières spécifiquement attachées au caractère de l'adoption (simple ou plénière).

Pour trouver le thème qui vous intéresse, consultez la table des matières en début de volume ou l'index alphabétique en fin de volume.

QUELS SONT LES ENFANTS ADOPTABLES ?

En France, il n'est permis d'adopter qu'une certaine catégorie d'enfants, dont la situation est décrite par la loi. En effet, ces enfants doivent être reconnus juridiquement adoptables, sous plusieurs conditions qui dépendent du type d'adoption choisi. Dans tous les cas, avant d'être adopté, l'enfant n'est pas confié à l'adoptant sans qu'un consentement à l'adoption ne soit donné.

LES DIFFÉRENTES SITUATIONS

L'article 347 du Code civil déclare adoptable une certaine catégorie d'enfants dont la situation les destine naturellement à une adoption, soit parce qu'ils n'ont pas de famille connue ou plus de famille du tout, soit parce que leur famille les « donne » en adoption.

Les candidats à l'adoption peuvent alors adopter soit :

- un enfant dont les parents ou le conseil de famille ont valablement consenti à son adoption ;
- un enfant abandonné : il est déclaré judiciairement abandonné lorsque ses parents se sont désintéressés de lui pendant plus d'un an alors qu'il était confié à un tiers, à un service de l'Aide sociale à l'enfance ou à un établissement ;
- un pupille de l'État.

Les candidats à l'adoption représentent en général un couple ou une personne qui désirent une assimilation complète de l'adopté à l'enfant légitime, c'est pourquoi l'adoption plénière d'enfant très jeune pupille de l'État est la forme d'adoption la plus courante dans ces cas de figure.

➤ Les enfants pour lesquels les père et mère ont valablement consenti à leur adoption

En vertu de leur autorité parentale, les parents qui en ont l'exercice peuvent donner leur consentement à l'adoption plénière ou simple de leur enfant par une tierce personne. Il s'agit d'un acte grave qui nécessite l'accord des deux parents lorsqu'ils exercent tous les deux l'autorité parentale. Lorsqu'un seul exerce l'autorité parentale, seul son consentement suffit.

Cette situation peu fréquente en pratique peut recouvrir les cas d'adoption privée, lorsque deux parents consentent à une adoption par une personne qu'ils auront choisie. Elle recouvre généralement les cas d'adoption de l'enfant du conjoint.

➤ Les enfants dont les parents se sont manifestement désintéressés

Il s'agit d'enfants dont les parents se sont manifestement désintéressés pendant plus d'un an, alors qu'ils étaient confiés à un particulier ou à un établissement.

Un enfant peut être placé momentanément, pour une période plus ou moins longue, dans une famille d'accueil ou un établissement (privé ou relevant du service de l'Aide sociale) adapté à son état (un établissement sanitaire ou social) pour deux raisons :

- soit de manière préventive à toute mesure judiciaire d'assistance éducative ; les services sociaux, alertés par les difficultés que présente la famille de l'enfant à le prendre en charge, décident, en accord avec elle, de placer l'enfant ;
- soit le juge des enfants intervient en cas de danger et impose à la famille le retrait de l'enfant afin de le placer dans un endroit adapté.

Au terme de ce placement, l'enfant recueilli dans ce cas de figure est adoptable si les parents, qui n'ont pas à l'origine voulu consentir à leur adoption, font la preuve d'un désintérêt total de leur enfant pendant une période d'une année. À l'expiration de ce délai, s'il est constaté un désintérêt manifeste, une requête en déclaration d'abandon peut être déposée devant le tribunal de grande instance par la personne ou le service qui a recueilli cet enfant.
Le tribunal appréciera en fonction des faits si le désintérêt des parents était manifeste, justifiant ainsi la déclaration judiciaire d'abandon (art. 350, C. civ.).

Attention

L'enfant qui n'est pas confié au service de l'Aide sociale à l'enfance n'est pas déclaré pupille de l'État. Un enfant peut être confié à un organisme d'adoption agréé ou à un établissement sanitaire.

➤ Les pupilles de l'État

Le terme « pupille de l'État » désigne tout enfant recueilli à l'Aide sociale à l'enfance (anciennement la DDASS) en attente d'adoption.
Il ne suffit pas que l'enfant soit recueilli par l'ASE, il faut en outre qu'il soit déclaré pupille de l'État par la loi, c'est-à-dire qu'il soit dans l'une des situations prévues par la loi aux termes de laquelle ce dernier va pouvoir être adopté.

C'est l'article L. 224-4 du Code de l'action sociale et des familles qui définit le statut de pupille de l'État. Est déclaré pupille de l'État :

- un enfant dont les parents sont inconnus ;
- un enfant dont les parents sont connus et qui est remis à l'Aide sociale depuis plus de deux mois par la personne qui en a la charge (parents ou non) en vue d'être adopté ;

- un enfant remis à l'Aide sociale par l'un de ses parents depuis plus de six mois, en vue de le faire adopter ;

- un enfant orphelin pour qui aucune tutelle n'a été organisée (aucun membre de sa famille ne peut ou ne veut en être le tuteur, par exemple) ;

- un enfant dont les parents ne peuvent plus exercer leurs droits parentaux, sur décision judiciaire ;

- un enfant placé dans l'un des services de l'Aide sociale à l'enfance, et dont les parents se sont par la suite totalement désintéressés.

Ces cas sont très délimités par la loi et un enfant ne sera déclaré adoptable en vertu de l'une de ces situations que lorsque toutes les conditions et formalités légales seront remplies, de telle sorte que, dans son intérêt, l'enfant pourra faire l'objet d'un projet d'adoption. L'enfant doit tout d'abord être déclaré pupille de l'État. Son recueil à l'Aide sociale à l'enfance supposant qu'il n'est pas ou plus rattaché à sa filiation d'origine et qu'il attend une nouvelle filiation (adoptive en l'occurrence), sa prise en charge par le département devra être assurée jusqu'au prononcé de son adoption.

À noter

Un enfant trouvé n'est pas obligatoirement remis à l'Aide sociale ou à un organisme privé, mais peut être pris en charge par la personne qui le découvre (art. 58, C. civ.).

• *Admission de l'enfant en tant que pupille de l'État*

L'enfant dont la filiation n'est pas établie

Tout enfant recueilli par l'ASE depuis plus de deux mois et dont la filiation n'est pas établie ou inconnue est déclaré pupille de l'État. Cette hypothèse recouvre le cas des enfants trouvés dans un lieu quelconque et dont la filiation est inconnue (concerne plus généralement le cas des enfants nés sous X).

L'enfant dont la filiation est établie

Plusieurs cas de figure se présentent :

• L'enfant dont la filiation est établie et connue, qui a expressément été remis au service de l'Aide sociale à l'enfance depuis plus de deux mois en vue de son admission comme pupille de l'État par toute personne qui dispose à l'égard de l'enfant de la qualité pour consentir à son adoption.

Les parents ont le droit de renoncer à leurs devoirs et de préférer voir leur enfant être élevé par d'autres personnes, qu'ils savent désireuses d'enfant ; mais, en dehors des parents, seule la personne titulaire de l'autorité parentale a qualité pour consentir à l'adoption d'un enfant (le conseil de famille, par exemple).

• L'enfant dont la filiation est établie et connue et qui a expressément été remis au service de l'Aide sociale à l'enfance depuis plus de six mois par un de ses parents en vue de son admission comme pupille de l'État.

Si l'autre parent n'a pas fait connaître au service, pendant ce délai, son intention d'en assumer la charge, le service tente de connaître les intentions de ce dernier avant l'expiration de ce délai de six mois, au terme duquel l'enfant sera déclaré pupille de l'État.

• L'enfant orphelin de père et mère recueilli par le service de l'Aide sociale à l'enfance et pour lequel la tutelle n'est pas organisée.

• Les enfants dont les parents ont fait l'objet d'un retrait total de l'autorité parentale.
Cette hypothèse concerne les enfants dont l'autorité parentale a été totalement retirée aux parents en vertu soit :
- d'une juridiction pénale : lorsque les parents sont condamnés soit comme auteurs, coauteurs ou complices d'un crime ou délit commis à l'encontre de leur enfant ou comme auteurs, coauteurs ou complices d'un crime ou délit commis par leur enfant, un retrait total d'autorité parentale peut alors être expressément prononcé par le juge répressif. Ce retrait s'applique également à tous les autres ascendants (art. 348, C. civ.) ;
- d'une juridiction civile : le tribunal de grande instance peut retirer totalement l'autorité parentale aux père et mère qui mettent en danger la sécurité, la santé ou la moralité de l'enfant, soit par de mauvais traitements, soit par une consommation habituelle et excessive de boissons alcooliques ou un usage de stupéfiants, soit par une inconduite notoire, des comportements délictueux, soit enfin par un défaut de soins ou des mauvais traitements ou un manque de direction (art. 378-1 al. 1, C. civ.).

De même, lorsqu'une mesure d'assistance éducative est prononcée par le juge des enfants en vertu de l'article 375 du Code civil lorsque le mineur est en danger, les parents qui n'exerceraient pas pendant deux ans les attributs d'autorité parentale non incompatibles avec une telle décision peuvent se voir retirer totalement leur autorité parentale (art. 378-1 al. 2, C. civ.).

La juridiction qui prononce la décision de retrait de l'autorité parentale doit, lorsque l'autre parent est décédé ou a également perdu l'exercice de l'autorité parentale ou son droit de garde sur l'enfant, soit confier l'enfant à une tierce personne qui organisera la tutelle, soit confier l'enfant à l'Aide sociale à l'enfance. Dans ce dernier cas, l'enfant pourra être adopté.

• Les enfants recueillis par un service de l'Aide sociale à l'enfance, dont les parents se sont manifestement désintéressés pendant une année, sauf le cas de grande détresse de leur part. Le tribunal de grande instance statue sur la demande de déclaration judiciaire d'abandon déposée par le service de l'Aide sociale qui a en charge l'enfant et qui constate le désintérêt.

Au-delà du délai d'un an, une demande en déclaration d'abandon devant le tribunal de grande instance peut en effet être formée par le service, à moins qu'au cours dudit délai un membre de la famille n'ait demandé d'assumer la charge de l'enfant. À défaut, l'enfant confié à l'Aide sociale à l'enfance devient pupille de l'État.

Le désintérêt manifeste s'apprécie au regard d'un minimum de relations nécessaires au maintien de liens affectifs (art. 350, C. civ.).

Exemples

- *La déclaration judiciaire d'abandon a ainsi pu être prononcée, dans l'intérêt de l'enfant, lorsqu'il a été constaté que, depuis sa naissance, aucun des parents ne s'est matériellement occupé de lui et n'a entretenu avec lui des relations nécessaires au maintien des liens affectifs (aucune lettre, aucun cadeau manifestant de l'affection), les renseignements téléphoniques demandés par le père ne pouvant ni créer ni maintenir un lien affectif. L'abandon de l'enfant a été volontaire et la situation de la mère (toxicomane et prostituée) ne justifiait pas plus ce désintérêt (CA Bordeaux, 3.10.2000, JCP 2001, IV, 1901).*
- *En revanche, une requête en déclaration judiciaire d'abandon a été rejetée lorsqu'il a pu être constaté que les parents d'une enfant ont constamment manifesté leur désir d'exercer leur droit de visite qui n'a jamais pu être mis en œuvre, ces derniers n'ayant jamais pu obtenir l'adresse du domicile de la famille d'accueil de leur fille (C. cass., 12.10.1999, Dr. famille 2000, comm. n° 3).*
- *De même, la déclaration judiciaire d'abandon ne peut être prononcée lorsque le père à qui le désintérêt est reproché n'a pas pu rendre visite à sa fille faute de moyens matériels et en l'absence de volonté de la part de la famille d'accueil de favoriser cette relation, ce qui rendait le désintérêt involontaire (C. cass., 8.12.1998, Dr. famille 1999, comm. n° 14).*
- *La requête en déclaration d'abandon doit être fondée sur la réunion des critères de l'article 350 du Code civil, à savoir le désintérêt manifeste des parents pendant le délai d'un an, laissé à l'appréciation des juges : à l'inverse, les juges n'ont pas à rejeter la requête en déclaration d'abandon sans rechercher si les conditions sont réunies, quand bien même une autre solution serait souhaitable pour l'enfant (en l'occurrence, le rejet de la requête était seulement fondé sur le fait que la mère n'était pas opposée au projet d'adoption par la famille d'accueil) (C. cass., 28.11.2000, Dr. famille 2001, comm. n° 56).*

En effet, la déclaration judiciaire d'abandon permet de prononcer l'adoption de l'enfant abandonné sans le consentement des parents.

◆ *Conséquences du recueil d'un pupille de l'État*

Lorsque l'enfant est remis à l'ASE au titre de pupille de l'État, un procès-verbal est établi. Il est mentionné que les père et mère ou la personne qui a remis l'enfant doivent être informés de l'ensemble des mesures sociales offertes par l'État, le département ou l'organisme de Sécurité sociale pour l'éducation d'un enfant, des conditions du régime de la tutelle ou de pupille de l'État, et enfin des conditions et délais dans lesquels l'enfant pourra être repris, le lieu du placement de l'enfant étant secret.

Lorsque l'enfant est admis en qualité de pupille de l'État, il est tout d'abord déclaré, lors de la rédaction du procès-verbal, pupille de l'État à titre provisoire.

Lorsque ce sont les père et mère qui remettent l'enfant à l'ASE, ils doivent consentir à son adoption, dans ce procès-verbal, lequel doit mentionner que ces derniers ont été informés des délais légaux de rétractation de leur consentement.

Lorsque les parents consentent à l'adoption d'un enfant, le conseil de famille n'a pas à consentir une deuxième fois. Le conseil de famille consent à l'adoption d'un pupille de l'État lorsque ses parents sont inconnus (art. 349, C. civ.).

L'organisation de la tutelle

À partir de ce moment, le pupille de l'État n'a juridiquement plus de filiation par le sang, et pas encore de filiation adoptive : il est dans une phase transitoire qui va nécessiter sa prise en charge éducative. Une tutelle doit donc être organisée, quelle que soit sa situation, afin que l'enfant puisse bénéficier de la protection de personnes adultes qui prennent pour lui les décisions concernant sa vie, tel que le feraient des parents. La tutelle de l'enfant doit désigner un tuteur et un conseil de famille.

Le tuteur est le représentant de l'État dans le département, c'est-à-dire le préfet, mais il peut se faire représenter (art. L. 224-1, CASF).

Le conseil de famille des pupilles de l'État est constitué :

- de représentants du conseil général désignés par cette assemblée et sur proposition de son président ;
- de membres d'associations à caractère familial (dont l'Union Départementale des Associations Familiales, [UDAF]) ou associations d'assistantes maternelles, des membres d'associations de pupilles ou d'anciens pupilles de l'État. Ces membres sont choisis par le préfet dans le département sur des listes proposées par ces associations ;
- de personnalités qualifiées désignées par le préfet (art. L. 224-2, CASF).

Les membres du conseil de famille sont nommés pour six ans. Le conseil de famille est renouvelable une fois, par moitié. La composition et le fonctionnement du ou des conseils de famille dépendent du département, et sont fixés par la voie réglementaire. Les membres du conseil de famille sont tenus au secret professionnel.

Le fonctionnement de la tutelle

La tutelle fonctionne selon les règles du droit civil : le tuteur prend seul toutes les décisions courantes au sujet de la vie du mineur (art. 450, C. civ.). En ce qui concerne les actes très importants qui présentent un caractère de gravité et influent sur la vie de l'enfant, le tuteur doit prendre la décision avec le conseil de famille (art. 457, C. civ.).

Le conseil de famille examine au moins une fois par an la situation du pupille.

Le tuteur et le conseil de famille donnent leur accord sur le choix du président du conseil général quant au mode et au choix du placement de l'enfant.

Lorsque le pupille de l'État possède des biens (s'il est orphelin sans famille et qu'il a hérité de ses parents, par exemple), ceux-ci sont confiés à un trésorier-payeur général. Si ces biens et capitaux produisent des revenus, le département en profite jusqu'à sa majorité, à titre d'indemnité d'entretien et dans la limite des prestations qui lui sont allouées. Lorsque le tuteur rend des comptes, à sa majorité, il peut, à son initiative ou à celle du conseil de famille proposer avec l'accord de ce dernier toute remise jugée équitable (art. L. 224-9, CASF).

Dans le cas du décès d'un pupille de l'État possédant des biens, si des héritiers autres que des frères et sœurs élevés par le service venaient à sa succession, ils devraient rembourser au département les frais d'entretien, après déduction des revenus perçus. En l'absence d'héritiers, la succession est recueillie par le département sous forme de dons ou de prêts pour les pupilles ou anciens pupilles de l'État.

Le projet d'adoption

Lorsqu'un enfant est déclaré pupille de l'État, il doit faire l'objet d'un projet d'adoption dans les meilleurs délais, soit dans les six mois de son admission en qualité de pupille de l'État. Sinon, le tuteur en indique les raisons au ministre chargé de la Famille, par la communication de façon non nominative du dossier du pupille concerné (art. L. 225-1, CASF).

Si le tuteur estime que l'adoption n'est pas adaptée à la situation de l'enfant, il doit en indiquer les motifs au conseil de famille.

À compter de son accueil, les parents peuvent reprendre leur enfant sans aucune formalité, pendant un délai de deux mois. La restitution de l'enfant annule leur consentement à l'adoption (art. 348-3, C. civ.).

Bon à savoir

Le SIAPE

Un arrêté du 22 juin 2003 a créé le SIAPE (Système d'information pour l'adoption des pupilles de l'État). Il permet l'adoption de pupilles pour lesquels aucun projet d'adoption n'est formé ou susceptible d'être formé plus de six mois après leur admission.

Ce système repose sur l'élaboration de trois fichiers distincts :
- le premier regroupe des données relatives aux pupilles de l'État ;
- le deuxième a vocation à recueillir les données propres aux candidats à l'adoption ;
- le troisième concerne les organismes partenaires.

Attention

La rétractation du consentement à l'adoption n'entraîne pas obligatoirement la reprise de l'enfant. L'enfant peut d'une part être repris sans formalité dans le délai de deux mois, et d'autre part le consentement peut être rétracté sans la reprise effective. L'enfant demeure pupille de l'État, c'est le tuteur qui consentira à son adoption.

Passé ce délai de deux mois, deux cas de figure sont possibles :
- soit l'enfant est placé en vue de son adoption dans sa future famille adoptive, et la restitution est alors complètement impossible ;
- soit l'enfant est simplement placé en pouponnière ou en famille d'accueil, mais n'a pas encore été placé chez ses futurs parents. Dans ce cas, la décision de restitution de l'enfant confié dépend du tuteur, en accord avec le conseil de famille. En cas de refus, un recours peut être exercé devant le tribunal de grande instance, qui décidera alors si l'intérêt de l'enfant est celui d'être restitué à ses parents par le sang (art. L. 224-6, CASF).

Attention

Un enfant pupille de l'État est souvent placé en pouponnière ou en famille d'accueil en attendant que le tuteur et le conseil de famille lui choisissent une famille. Il est placé, mais pas en vue de son adoption : la restitution est toujours possible, hors le délai de rétractation, mais sur décision du président du conseil général ou du tribunal de grande instance.

Mais dès lors qu'un enfant pour qui un projet d'adoption a été formulé et des parents adoptifs choisis est placé auprès de sa future famille en vue de son adoption, aucune restitution n'est possible, à moins que ce placement prenne fin ou que l'adoption ne soit pas prononcée, auquel cas l'enfant se retrouvera dans la situation d'un enfant simplement placé en famille d'accueil (art. 352, C. civ.).

Le recours

Lorsqu'un enfant est admis en qualité de pupille de l'État, la décision administrative d'admission peut être contestée par certaines personnes qui y ont un intérêt :

- les parents, sauf lorsque l'autorité parentale leur a été totalement retirée ou lorsqu'une déclaration judiciaire d'abandon a été prononcée conformément à l'article 350 du Code civil ;
- les alliés de l'enfant, c'est-à-dire toute personne qui justifie d'un droit de parenté par alliance avec cet enfant (conjoint ou conjointe d'un membre de la famille par le sang) ;
- toute personne qui justifie d'un lien avec l'enfant, pour en avoir assuré la garde de droit ou de fait et qui désire assumer la charge de l'enfant (un membre ou ami de la famille qui a eu en charge l'enfant, par exemple).

Ces personnes peuvent exercer un recours contre cette décision devant le tribunal de grande instance pendant un délai de trente jours suivant la date de l'arrêté du président du conseil général déclarant cette admission à l'Aide sociale à l'enfance.

Dans ce cas, si le tribunal fait droit à leur demande, dans l'intérêt de l'enfant, ces derniers assurent l'organisation de la tutelle.
En cas de rejet suite à un recours, un droit de visite peut toujours être accordé au demandeur, s'il est de l'intérêt de l'enfant.
Cependant, l'exercice d'un tel recours, généralement à l'initiative d'un membre de la famille du pupille de l'État, s'avère parfois difficile.

Exemple

Un enfant a été admis au service de l'aide sociale sans filiation maternelle établie et n'avait de ce fait pas de lien familial juridiquement établi à l'égard de sa famille maternelle. Le recours exercé par son grand-père a été jugé irrecevable, ce dernier n'ayant pas qualité à agir en l'absence de ce lien juridique établi (CA Riom, 16.10.2001, Dr. famille 2002, comm. n° 99).

Attention

Ce recours devant le tribunal de grande instance est valable seulement lorsque la décision contestée a prononcé l'admission de l'enfant en tant que pupille de l'État, les juges civils étant compétents pour juger de l'intérêt de l'enfant, en l'occurrence celui de rester au foyer de la personne qui réclame l'enfant. En revanche, si la décision du président du conseil général contestée est une décision de refus, la juridiction compétente est une juridiction administrative. Le recours contentieux (qui est un recours pour excès de pouvoir) doit être formé devant le tribunal administratif qui a seul compétence pour juger de l'opportunité d'une décision administrative (aucune appréciation relative à l'enfant n'est en cause, mais seulement une décision administrative ; CA Bordeaux, 17.11.1997, Dr. famille 1998, comm. n° 84).

LES CONDITIONS OBJECTIVES DE L'ADOPTION

Dans toute procédure d'adoption, un consentement à l'adoption doit être donné pour chaque enfant mineur adopté, quelle que soit la forme d'adoption choisie. Ce consentement varie selon la situation de l'enfant.

Des conditions d'âge relatives à l'adopté ou à l'adoptant sont également exigées.

➤ Le consentement

- ***Qui doit consentir ?***

– Les parents de l'enfant mineur lorsque la filiation est établie à l'égard des deux, ou seulement celui qui est survivant en cas de décès de l'un (art. 348, C. civ.) ;
– Les deux parents à l'égard de qui la filiation est seulement établie (art. 348-1, C. civ.) ;
– Le conseil de famille, après avis de la personne qui prend soin de l'enfant, lorsque les parents sont tous deux décédés, hors d'état de manifester leur volonté ou lorsqu'ils ont perdu leurs droits d'autorité parentale (art. 348-2, C. civ.).

Attention

Le mineur âgé de plus de treize ans doit toujours consentir à son adoption.
Le majeur consent seul à son adoption (il s'agit toujours d'une adoption simple).

- ***Quelle forme doit revêtir le consentement ?***

Lorsque le consentement est donné au moment de la remise volontaire de l'enfant à l'ASE, aucune autre formalité particulière que la consignation du consentement dans le procès-verbal n'est requise (art. 348-3, C. civ.). La remise effective vaut consentement.

Dans tous les autres cas, le consentement doit prendre la forme d'un acte authentique. Il doit être donné devant soit :
- le greffier en chef du tribunal de grande instance du domicile ou de la résidence de la personne qui consent ;
- un notaire français ou étranger ;
- les agents diplomatiques ou consulaires français (art. 348-3 al. 1er, C. civ.).

Lorsque le ou les parents se sont manifestement désintéressés de l'enfant de manière à compromettre sa santé ou sa moralité, le tribunal de grande instance peut prononcer l'adoption de l'enfant en dépit du refus de consentement des parents, lequel sera alors jugé abusif compte tenu de telles circonstances. Ce refus abusif est également valable pour le conseil de famille (art. 348-6, C. civ.).

Exemple

Le fait pour des parents de se montrer peu présents matériellement et affectivement, sans jamais verser d'argent aux adoptants, ni offrir de cadeau personnel à leur fille mineure constitue un désintérêt manifeste qui risque de compromettre la santé et la moralité de la jeune fille, et constitue ainsi un refus de consentement à l'adoption abusif, permettant au juge de prononcer une adoption simple contre la volonté de ces derniers (C. cass., 1re ch. civ., 18.11.1997 ; Dr. famille. 1998, comm. n° 20).

- ***Peut-on rétracter le consentement ?***

Le consentement peut être rétracté pendant un délai de deux mois (art. 348-3 al. 2, C. civ.). La rétractation s'effectue par une lettre recommandée avec demande d'avis de réception adressée à la personne ou au service qui a reçu le consentement. Mais la remise de l'enfant à ses parents sur demande même verbale vaut preuve de la rétractation.

Passé ce délai, le consentement peut être rétracté, à condition que l'enfant ne soit pas placé en vue d'une adoption plénière.

Si la personne qui a recueilli l'enfant refuse sa restitution, les parents devront alors saisir le tribunal de grande instance qui statuera en fonction de l'intérêt de l'enfant à être restitué à ses parents en dehors du placement (art. 350, C. civ.).

Pour un pupille de l'État, le tuteur et le conseil de famille donnent leur accord à la restitution ; en cas de refus, les parents peuvent saisir le tribunal de grande instance (art. L. 224-6 CASF).

Attention

– La rétractation du consentement ne vaut que pour les parents qui consentent à l'adoption de leur enfant au titre de l'exercice de l'autorité parentale et non pas pour le consentement du conjoint de l'adoptant, nécessaire lorsque l'adoption n'est prononcée qu'à l'égard de ce conjoint, conformément à l'article 343-1 du Code civil (C. cass., 2.12.1997, Dr. famille 1998, comm. n° 3).
– Le placement de l'enfant fait obstacle à toute restitution.
– En cas de restitution, le consentement donné en adoption devient caduc.

- ***Quels sont les effets de la rétractation ?***

La rétractation d'un consentement à l'adoption rend caduc ce dernier. Si les parents changent d'avis à nouveau et désirent annuler leur rétractation, ils doivent formuler un nouveau consentement, suivant les formalités légales de l'article 348-3 du Code civil (C. cass., 1re ch. civ., 24.2.1998, JCP, G, 1998, I, 151).
Dès lors que le jugement d'adoption est prononcé, il n'est plus possible de rétracter son consentement : l'adoption prend effet. La seule possibilité offerte à la personne qui a consenti à une adoption est d'utiliser les voies de recours classiques aux fins de faire réformer le jugement contesté (C. cass., 1re ch. civ., 27.11.2001, JCP 2002, p. 32).

➤ L'âge

- ***Différence d'âge entre adopté et adoptant***

Il doit y avoir une différence d'âge minimum entre l'adopté et l'adoptant. Les adoptants doivent avoir quinze ans de plus que les enfants qu'ils désirent adopter.
En cas d'adoption d'enfants du conjoint, la différence d'âge est portée à dix ans (art. 344, C. civ.).

- ***L'âge de l'adopté***

L'âge de l'adopté est important : il conditionne le choix de l'adoption. Seul un enfant de moins de quinze ans peut être le sujet d'une adoption plénière (art. 345, C. civ.).
Mais il existe une exception, l'adoption plénière d'un enfant âgé de plus de quinze ans est possible lorsque l'enfant a été accueilli avant d'avoir atteint cet âge au foyer de personnes qui n'avaient pas les conditions pour adopter, ou si l'enfant a déjà fait l'objet d'une adoption simple avant cet âge. Pour faire une demande d'adoption plénière, ces personnes doivent en remplir alors les conditions. Cette demande doit être exercée pendant la minorité de l'enfant ou les deux ans qui suivent sa majorité (art. 345, C. civ.).
L'adoption simple est permise à tout âge (art. 360, C. civ.).

◆ ***L'âge de l'adoptant***

Pour adopter un enfant, il faut justifier d'une condition d'âge minimum, selon la situation familiale du postulant :
- pour un couple marié : les deux époux doivent être âgés de vingt-huit ans au moins, sauf s'ils sont mariés depuis plus de deux ans, auquel cas aucune condition d'âge n'est nécessaire ;
- pour une personne célibataire : il faut être âgé de vingt-huit ans au moins.

En cas d'adoption de l'enfant du conjoint, il n'existe aucune condition d'âge.

Par ailleurs, il n'existe aucune condition d'âge maximal.

LES CAS SPÉCIFIQUES

Certaines situations sont spécifiques. Elles sont prévues par la loi (l'adoption entre deux majeurs ou l'adoption de l'enfant du conjoint) ou admises en jurisprudence (l'adoption intrafamiliale).

➤ L'adoption d'un majeur

L'adoption entre majeurs est légale : il s'agit d'une adoption simple. En revanche, même si les conditions sont remplies, l'adoption peut être refusée si elle n'a pas pour but de créer un lien de filiation, mais seulement un moyen de détourner une règle légale.

Le détournement de l'institution de l'adoption s'analyse dans le but recherché, apparent ou dissimulé de ce procédé : s'il est étranger à la création d'un lien de filiation, il constitue une fraude à la loi.

C'est le cas lorsque l'adoption permet de créer un lien successoral entre deux personnes majeures homosexuelles, dont la relation a toutes les apparences d'une vie d'un couple (CA Versailles, 4.11.1999, Dalloz 2000, IR p. 9).

En revanche, malgré l'existence de relations homosexuelles passées, la Cour de cassation a jugé légale l'adoption entre deux personnes, constatant que ce procédé n'avait pas pour but de favoriser ou permettre la création de telles relations mais de permettre d'apporter à un homme de condition très modeste l'aide matérielle et sociale qu'aurait pu lui apporter un père (C. cass., civ., 8.6.1999, Dr. famille 1999, comm. n° 124).

De même, il a été jugé que l'adoption créant un lien de filiation, les rôles respectifs de l'adoptant et de l'adopté devaient reposer sur celui d'un père qui assume un rôle éducatif et initiatique de l'enfant, en le conduisant vers l'âge adulte, et celui d'un fils qui lui doit reconnaissance et éventuellement assistance. Tel n'est pas le cas si l'adoptant et l'adopté acquièrent ensemble un bien immobilier et qu'ils s'apportent mutuellement aide et soutien dans les moments difficiles, ce qui ne correspond pas au schéma législatif sociologique de l'adoption, qui ne peut alors pas être prononcée (CA Versailles, 4.11.1999, Dalloz 2000, IR p. 9).

➤ L'adoption de l'enfant du conjoint

Il est fréquent que la personne qui élève l'enfant de son conjoint veuille l'adopter pour créer un lien juridique qui conforte le lien affectif existant et permettre à l'enfant une meilleure intégration dans la famille. L'adoption simple et l'adoption plénière sont alors possibles et le Code civil, qui a spécialement prévu cette hypothèse, en allège les conditions.

◆ ***Conditions***

La condition d'âge prévue pour l'adoption par une personne célibataire de vingt-huit ans est supprimée (art. 343-2, C. civ.), et la différence d'âge entre l'adoptant et l'adopté se trouve réduite à dix ans (art. 344, C. civ.). La condition de remise de l'enfant à l'Aide sociale à l'enfance ou à un organisme agréé en vue de l'adoption d'un enfant de moins de deux ans est supprimée (art. 348-5, C. civ.).

Lorsque la filiation est établie à l'égard des deux parents, le consentement à l'adoption est donné conjointement par eux.

Si l'autre parent biologique est décédé, ou s'il a fait l'objet d'une décision de retrait total de l'autorité parentale, ou encore s'il se trouve dans l'impossibilité de manifester sa volonté, seul le conjoint de l'adoptant donne son consentement (art. 348, C. civ.).

◆ ***Une appréciation par le juge***

Le prononcé de l'adoption est soumis à l'appréciation des juges qui peuvent vérifier, lorsque l'adoptant a lui-même des descendants, si l'adoption n'est pas de nature à compromettre la vie familiale (art. 353 al. 2, C. civ. ; pour une adoption simple, CA Aix-en-Provence, 5.12.1995, Dr. famille 1996, comm. n° 6).

Comme dans toute procédure d'adoption, le juge vérifie si l'adoption désirée est conforme à l'intérêt de l'enfant (art. 353, C. civ.) et ne constitue pas un détournement de la loi, ce qui rendrait illégale l'adoption : ainsi dans le cas de l'adoption de l'enfant du conjoint, une cour d'appel a ordonné à bon droit un examen sanguin comparé d'un très jeune enfant adopté par l'épouse du père qui l'avait précédemment reconnu : l'enfant ainsi adopté n'avait par ailleurs aucune filiation maternelle établie dans son acte de naissance. L'analyse médicale permettait de vérifier qu'il ne s'agissait pas d'une manœuvre détournée de l'adoption, en s'assurant que l'enfant issu réellement du père ne faisait pas au contraire l'objet d'une reconnaissance de complaisance d'un enfant issu d'autres parents, aux fins ensuite de le faire adopter par l'épouse, et ce sans être obligé de le remettre à un intermédiaire, comme la loi l'oblige dans le cas de l'adoption d'un enfant âgé de moins de deux ans (C. cass., 1re ch. civ., 16.2.1999, Dalloz 2000, somm. p. 170).

◆ ***Conséquences***

Lors de l'adoption plénière de l'enfant du conjoint, la loi prévoit qu'il n'y a pas de rupture avec les liens d'origine à l'égard de ce conjoint, l'adoption ayant l'effet d'une adoption par deux époux (art. 356, C. civ.).

Mais le problème de la rupture des origines par le sang se pose pour l'autre parent biologique et pour sa famille, et notamment les grands-parents, qui deviennent par là même des étrangers, notamment d'un point de vue successoral.

Depuis 1996, la loi dispose que l'adoption plénière de l'enfant du conjoint n'est permise que :
- lorsque l'enfant n'a de filiation légalement établie qu'à l'égard de ce conjoint ;
- lorsque l'autre parent que le conjoint s'est vu retiré totalement l'autorité parentale ;
- lorsque l'autre parent que le conjoint est décédé et n'a pas laissé d'ascendant au premier degré ou lorsque ces derniers se sont manifestement désintéressés de l'enfant (art. 345-1, C. civ.).

À noter

L'adoption simple est toujours possible, celle-ci ne rompant pas les liens d'origine par le sang.

➤ L'adoption intrafamiliale

L'adoption simple ou plénière entre deux membres d'une même famille n'est pas interdite par la loi, mais le juge peut toujours refuser de la prononcer si elle constitue un détournement de la loi ou si elle est contraire à l'intérêt de l'enfant, compte tenu du contexte familial :

Exemples

• *L'adoption simple entre frère et sœur, compte tenu des liens d'affection analogues à ceux d'une mère et de son enfant, a été admise par les juges (CA Paris, 10.2.1998).*

• *L'adoption simple entre grands-parents et petits-enfants est également possible. Mais l'adoption simple par sa grand-mère d'un enfant de sept ans et demi, trop jeune pour comprendre la situation, qui risquerait de brouiller les repères familiaux de ce dernier et ce malgré les liens affectifs existant a été refusée (CA Paris, 26.3.1996, Dalloz 1997, somm. p. 279).*

• *De même l'adoption simple entre grands-parents et petits-enfants est refusée si elle a pour seul but de « court-circuiter sans motif sérieux et légitime un degré successoral » (TGI La Roche-sur-Yon, 19.12.1995, Gaz. Pal. 1996, II, somm. p. 334).*

En effet, ce type d'adoption doit non seulement constituer un intérêt personnel pour la personne adoptée, et ce, en dehors du seul intérêt financier, mais également éviter une confusion des générations (C. cass., civ. 1re, 16.10.2001, Dr. famille 2002, jurisprudence n° 41).

• *L'adoption plénière de neveux et nièces pour un cas où la nièce âgée de plus de treize ans avait personnellement consenti à son adoption plénière par sa tante a été prononcée (CA Paris, 10.11.1995, Dalloz 1997, somm. p. 279).*

QUI PEUT ÊTRE CANDIDAT À L'ADOPTION ?

L'ADOPTION PAR UN COUPLE

Le principe en vigueur en France est celui selon lequel un enfant ne peut être adopté par deux personnes sinon par un couple marié (art. 346, C. civ.).

➤ Un couple marié

Seul un couple marié peut adopter ensemble un enfant, à la condition soit :

- que le mariage ait duré au moins deux ans,
- que l'un et l'autre des époux soient âgés de vingt-huit ans au moins (art. 343, C. civ.).

L'adoption sera prononcée à l'égard du mari et de la femme, tous deux considérés par la loi comme les parents adoptifs de l'enfant.

➤ Un couple pacsé

L'adoption par un couple pacsé n'est pas autorisée. Les deux membres du couple pacsé peuvent adopter chacun séparément en tant que personne seule, au titre de l'adoption par une personne célibataire, l'adoption n'ayant d'effet qu'à l'égard de la personne qui a adopté. La décision du Conseil constitutionnel du 9 novembre 1999 (*JO*, 16.11.1999, p. 1662) précise que la loi du 15 novembre 1999 sur le PACS ne modifie pas les dispositions relatives à la filiation adoptive.

Un jugement du tribunal de grande instance a prononcé l'adoption simple de trois fillettes par la compagne de leur mère avec laquelle elle était unie par un PACS. Le jugement était motivé par le fait qu'en l'espèce, les trois fillettes étaient nées d'une insémination artificielle, donc sans paternité juridiquement établie, et liées d'affection depuis leur naissance à l'adoptante, tant dans leur vie sociale et scolaire que familiale (TGI Paris, 27.6.2001, Dr. famille 2001, comm. n° 116). Cependant, cette décision est isolée et les faits sont particuliers.

➤ Un couple de concubins

En vertu du principe selon lequel seule l'adoption par deux personnes mariées est légalement possible, un couple de concubins ne peut pas adopter ensemble un enfant, mais seulement chacun séparément, en tant que célibataire.

À noter

Pour maintenir des liens entre le concubin qui n'est pas le parent adoptif et l'enfant adopté, il est possible, lors de la séparation du couple, de demander un droit de visite sur le fondement de l'article 371-4 du Code civil (CA Grenoble, 15.12.1997, Dr. famille 1998, comm. n° 38).

L'ADOPTION PAR UNE PERSONNE

L'adoption par une seule personne est de droit, à la seule condition que celle-ci soit âgée de plus de vingt-huit ans, sauf lorsqu'il s'agit de l'adoption de l'enfant du conjoint (art. 343-1, C. civ.).

L'adoption n'a d'effet qu'à l'égard de l'adoptant, quelle que soit sa situation familiale. Peut donc être concernée :
- toute personne célibataire ;
- toute personne vivant en couple (concubinage ou PACS) ;
- toute personne mariée.

En effet, une personne mariée peut adopter un enfant à titre de personne seule. Si la personne est mariée, et non séparée de corps, le consentement de son conjoint est nécessaire, à moins que sont état ne puisse le lui permettre. Le consentement du conjoint doit être distingué du consentement à l'adoption des parents tel que l'exige la loi sous certaines conditions. Ainsi, lorsque le conjoint de l'adoptant consent à cette adoption, en aucun cas il ne pourra bénéficier du délai de rétractation de deux mois, lequel n'est accordé qu'aux parents.
Dans cette hypothèse, l'adoption n'a d'effet qu'à l'égard de la personne qui formule une demande en adoption, et non à l'égard du conjoint. Ainsi, même si le conjoint consent à l'adoption, il n'aura à l'égard de l'adopté aucun lien de filiation ni aucun droit ou devoir issu d'une adoption : le conjoint n'aura pas l'exercice de l'autorité parentale sur l'enfant, et l'enfant n'héritera pas de lui.

En principe, si l'enfant est adopté par une femme mariée, il ne portera pas le nom de l'époux de sa mère adoptive. Cependant, la loi accorde la possibilité pour l'adopté de porter le nom de l'époux de sa mère (qui correspond souvent en réalité au nom d'usage de sa mère) seulement si l'époux y consent (son consentement n'étant pas requis s'il est décédé ou dans l'impossibilité de manifester sa volonté). Mais c'est le tribunal de grande instance qui se prononce sur cette opportunité (la demande étant faite au moment de la requête en adoption) après avoir consulté les héritiers ou, sinon, les personnes les plus proches qui lui succéderont (art. 357, C. civ.).

Pour trouver le thème qui vous intéresse, consultez la table des matières en début de volume ou l'index alphabétique en fin de volume.

LE SECRET DES ORIGINES

La situation actuelle d'un enfant adopté dont les origines lui sont secrètes renvoie à deux cas de figure.
D'une part, jusqu'à l'entrée en vigueur de la loi du 22 janvier 2002, les parents avaient la possibilité de remettre leur enfant en vue de son adoption à un service de l'Aide sociale à l'enfance et de demander de manière expresse le secret de leur identité. D'autre part, lorsqu'une femme accouche, elle peut décider de ne faire connaître à quiconque son identité afin de ne jamais pouvoir se rattacher à cette filiation : il s'agit de l'accouchement sous X.
La loi du 22 janvier 2002 sur l'accès aux origines des personnes adoptées a modifié et assoupli ces deux cas de figure. Lorsqu'un enfant adopté est en quête de ses origines, sa recherche dépend de sa situation de naissance.

➤ Suppression de la demande de secret par les parents biologiques

La loi du 22 janvier 2002 a supprimé la faculté offerte aux parents de remettre leur enfant en vue de son adoption à un service de l'Aide sociale à l'enfance et de demander de manière expresse, par écrit, le secret de leur identité, avant le premier anniversaire de l'enfant.

À noter
Depuis la loi du 22 janvier 2002, seules les femmes qui accouchent sous X peuvent demander que soit préservé le secret de leur identité et/ou celle du père biologique de leur enfant.

➤ L'accouchement sous X

Le nombre d'enfants nés sous X est en baisse : environ 780 en 1991, environ 560 en 2000. L'estimation actuelle de personnes en France concernées par le problème de la recherche des origines est d'environ 400 000.

Lorsqu'une femme accouche, elle peut demander l'anonymat ou le secret de son identité. La filiation n'est pas établie : l'enfant est déclaré né sous X (art. 341-1, C. civ.). Son admission et son accouchement dans un établissement public ou privé conventionné restent secrets. La femme qui a donné naissance à l'enfant n'est pas considérée comme sa mère, puisque l'enfant ne sera jamais considéré comme né d'elle. Il s'agit d'un droit qui garantit à la femme qu'aucune enquête sur son identité n'est menée et aucune pièce demandée. Les frais d'hébergement et d'accouchement sont pris en charge par l'Aide sociale à l'enfance.

Les femmes qui accouchent sous X peuvent également bénéficier d'un accompagnement psychologique et social des services sociaux, sur leur demande ou avec leur accord (art. L. 222-6, CASF).

La demande de secret sur son identité par la mère de naissance d'un enfant est un droit qui a été récemment confirmé par la Cour européenne des droits de l'homme, dans sa décision très médiatisée, sur l'affaire Pascale Odièvre c/France, rendue le 13 février 2003 (req. 42326/98, JCP 2003, éd. G, I, 120).

En l'espèce, Pascale Odièvre, née sous X puis adoptée, avait appris l'existence de deux frères nés après elle. Elle avait alors demandé au tribunal de grande instance de Paris la levée de l'identité de sa mère afin de connaître celle de sa famille.

N'ayant pas obtenu gain de cause, la requérante a directement exercé un recours devant la Cour européenne, pour atteinte à la vie privée sur le fondement de l'article 8 de la Convention européenne des droits de l'homme.

La Cour suprême n'a pas condamné la France pour violation de la vie privée. La loi civile reconnaît, depuis 1993, le droit pour toute femme d'accoucher dans l'anonymat et de demander le secret de son identité. En l'espèce, la mère de Pascale Odièvre avait expressément demandé à ce que son identité reste secrète.

Malgré les nombreuses déceptions engendrées par cette décision, il reste désormais la possibilité pour toute personne à la recherche de ses origines d'écrire au Conseil national d'accès aux origines personnelles (CNAOP) afin qu'en cas d'accord commun, l'identité puisse être révélée.

Depuis la loi du 22 janvier 2002, toute femme enceinte qui désire accoucher dans l'anonymat reçoit systématiquement une information sur les conséquences juridiques de cette demande (filiation inconnue, difficultés rencontrées par l'enfant dans la recherche de ses origines, ou pour la mère elle-même de connaître un jour l'identité de son enfant...), ainsi que sur l'importance, pour toute personne, de connaître ses origines et son histoire.

C'est pourquoi la femme enceinte qui demande le secret de son identité est désormais invitée à laisser, si elle l'accepte, des renseignements relatifs à sa santé et à celle du père d'une part, et aux origines de l'enfant et aux circonstances de sa naissance d'autre part.

De plus, elle est invitée à laisser, sous pli fermé, son identité, tout en étant informée de la possibilité qu'elle a de lever à tout moment le secret de son identité, et qu'à défaut, cette identité ne pourra jamais être révélée en dehors de certaines conditions légales (art. L. 222-6, CASF nouveau).

Toutes les informations sont conservées par le Conseil national d'accès aux origines personnelles (CNAOP) dans des conditions qui garantissent le secret médical et le respect de la confidentialité.

Seul le secrétaire général du Conseil national est qualifié pour habiliter les personnes qui ont accès à ces informations (Décr. n° 2003-671 du 21.7.2003, pris en application de l'article L. 147-11, CASF).

Pour trouver le thème qui vous intéresse, consultez la table des matières en début de volume ou l'index alphabétique en fin de volume.

En effet :
– soit la mère décide elle-même de lever le secret en formulant une déclaration expresse, à tout moment, auprès du Conseil national supérieur pour l'accès aux origines. Mais cette identité ne sera révélée à l'enfant que si celui-ci formule également une demande d'accès à ses origines auprès du Conseil supérieur pour l'accès aux origines. Si cette demande a déjà été formulée, le conseil s'assure auprès de l'enfant qu'il maintient sa demande ;
– soit la levée du secret est sollicitée par une demande émanant de l'enfant à la recherche de ses origines. Dans cette hypothèse, le conseil saisi de la demande est juridiquement habilité à lever le secret de l'identité de la mère seulement :
• s'il n'y a pas eu manifestation expresse de sa volonté de préserver ce secret, après avoir vérifié sa volonté ;
• si l'un de ses membres ou une personne mandatée par lui a pu recueillir son consentement, dans le respect de sa vie privée ;
• si, lorsque la mère est décédée, celle-ci n'a pas exprimé sa volonté contraire (art. L. 147-6, CASF).

À noter

Après la naissance de son enfant, la femme qui a accouché sous X peut à tout moment laisser son identité sous pli fermé ou compléter les renseignements qu'elle a donnés (art. L. 147-6, CASF).
Si l'enfant consulte son dossier (ou son représentant s'il est mineur, ou son tuteur s'il est sous tutelle, ou ses descendants en ligne directe s'il est décédé), il peut demander à être informé du dépôt ultérieur de tout renseignement complémentaire.
La mère qui accouche sous X peut choisir pour l'enfant les prénoms qu'elle souhaite lui voir porter (art. 57, C. civ.), sous réserve de la faculté pour les parents adoptifs de les modifier. À défaut, trois prénoms lui seront attribués par l'officier d'état civil, comme pour l'enfant trouvé, le dernier lui servant de patronyme jusqu'à son adoption (art. 57, C. civ.).

Bon à savoir

Le pli fermé est conservé sous la responsabilité du président du conseil général, puis versé au dossier de l'enfant détenu par l'Aide sociale à l'enfance. Les prénoms choisis par la mère biologique sont consignés en dehors du pli scellé.

Dès l'accouchement, l'enfant sans filiation, car né d'une personne dont l'identité est inconnue, est généralement recueilli à l'Aide sociale à l'enfance par le personnel hospitalier ou des professionnels de l'enfance prévenus (par le personnel ou l'assistance sociale de l'hôpital, bien que certaines mères soient aussi souvent accompagnées par les services sociaux au cours de leur grossesse). L'enfant sera déclaré pupille de l'État à titre provisoire (ce qui

entraîne le début de l'ouverture de sa tutelle...). Mais rien ne s'oppose à ce que la mère elle-même remette son enfant (dont elle n'est juridiquement pas la mère) à l'Aide sociale à l'enfance ou à un organisme d'adoption agréé (cette dernière hypothèse étant plus rare).
La mère dispose d'un délai de réflexion de deux mois pendant lequel elle pourra reprendre son enfant sans aucune formalité. Passé ce délai de deux mois, si l'enfant n'a pas été repris par sa mère, il sera déclaré pupille de l'État à titre définitif.

Attention

Le délai de rétractation de deux mois permet à la mère de reprendre son enfant, sans formalité, à condition qu'elle l'ait reconnu (ce qui justifie son droit).

Le consentement de la mère, dès lors qu'elle est anonyme, n'a pas à être requis au moment de la remise. Un arrêt de la cour d'appel d'Agen du 14 décembre 1995, qui a annulé le procès-verbal de remise d'un enfant né sous X d'une mère mineure au motif qu'au moment de la remise, la mineure aurait dû être assistée d'une personne ayant autorité parentale, a été cassé par la Cour de cassation. Pour les juges, dès lors que la mère a accouché sous X et qu'elle n'a pas reconnu son enfant, son consentement n'a pas à être requis au moment de la remise (C. cass., 5.11.1996, Dr. famille 1996, comm. n° 19).

Dès lors que l'enfant est placé chez ses futurs parents adoptifs en vue de son adoption (ce qui sera le cas très rapidement, généralement dès les deux mois de l'enfant, compte tenu du nombre supérieur de candidats à l'adoption à celui d'enfants pupilles de l'État adoptables aussi jeunes) aucun lien de filiation possible ne pourra plus être établi, la restitution de l'enfant étant alors définitivement impossible (art. 353, C. civ.). En revanche, tant que l'enfant n'est pas placé en vue de son adoption, et au-delà du délai de rétractation de deux mois, la mère pourra toujours reconnaître son enfant. Seul le placement en vue de l'adoption fait obstacle à une reconnaissance.

L'accouchement sous X constitue à l'heure actuelle un véritable obstacle pour un enfant à la recherche de ses origines. En effet, tout dépend des circonstances de l'accouchement.
Si la mère accouche de manière anonyme, personne ne peut connaître son identité. Aucune information qui y serait relative, même non identifiante n'est détenue par les services sociaux, puisqu'elle est anonyme.

Dans cette hypothèse, la recherche de ses origines par l'enfant est de fait impossible.

Si la mère est connue, mais a demandé le secret de son accouchement et de son identité, l'enfant ne peut pas obtenir la communication de ses informations. En revanche, selon la Commission d'accès aux documents administratifs, le seul fait que la mère a accouché sous X prouve quelle a voulu garder l'anonymat au moment de la naissance, mais ne saurait suffire à établir qu'elle a demandé le secret de l'état civil de son enfant (avis de la CADA, 8.6.2000). En effet, dans l'hypothèse où l'identité de la mère qui a accouché sous X venait à être révélée par celle-ci à la suite de son accouchement (à une assistance sociale par exemple), la demande de secret sur cette identité désormais connue doit être expressément formulée, faute de quoi l'identité pourra être révélée.

En tout état de cause, depuis la loi du 22 janvier 2002, l'enfant qui formule auprès du Conseil national pour l'accès aux origines une demande d'accès à l'identité de sa mère et/ou de son père de naissance a désormais une chance de voir aboutir sa demande. Mais cette recherche d'accès aux origines personnelles ne sera possible qu'à la condition que le ou les parents biologiques soient connus et qu'ils manifestent eux-mêmes, de leur côté, la volonté de lever le secret de leur identité.

L'accès à l'identité de la mère est rendu impossible par la loi qui a institué dans le Code civil une fin de non-recevoir à toute action en recherche de maternité par un enfant né sous X. Aucune action judiciaire tendant à faire reconnaître juridiquement le lien de filiation maternelle n'est possible (art. 341 al. 1, C. civ.). La communication de l'identité de la mère ne s'assimile pas à une action judiciaire, mais à la seule demande de renseignements.

Dans tous les autres cas, l'identité de la mère (et/ou celle du père s'il en a demandé expressément le secret) d'un enfant né sous X demeure secrète et ne peut être révélée à quiconque.

LA RECHERCHE DE SES ORIGINES PAR L'ENFANT

Tout enfant adopté qui ignore l'identité de ses parents et les circonstances de son abandon peut désirer un jour en faire la recherche.

Un pupille de l'État a en principe le droit d'obtenir des services sociaux la communication de son dossier (art. 6 bis de la loi du 17.7.1978). Il doit également être communiqué à toute personne intéressée ou, si elle décède, à ses enfants majeurs ou ses héritiers en ligne directe.

À noter

Depuis la loi du 22 janvier 2002, les dossiers individuels détenus par les organismes d'adoption agréés sont considérés comme des documents administratifs auxquels les intéressés ont également accès dans les conditions prévues par la loi n° 78-753 du 17 juillet 1978 (art. L. 225-14-1, CASF). Et en cas de cessation d'activité, les organismes d'adoption agréés ont l'obligation de transmettre leurs dossiers au président du conseil général qui les conserve sous sa responsabilité.

Ce principe est limité par un obstacle majeur : la demande de secret par les parents. Lorsqu'un enfant adopté est né dans le secret de ses origines biologiques, sa recherche dépend du contexte de sa naissance et/ou des circonstances de son abandon.

Attention

Tout enfant né avant l'entrée en vigueur de la loi du 22 janvier 2002 peut se trouver soit dans l'hypothèse d'un abandon auprès du service de l'Aide sociale à l'enfance avec demande de secret d'identité, possibilité offerte pendant la première année de l'enfant, ou bien être né sous X. La loi du 22 janvier 2002 prend en compte les deux hypothèses dans les moyens qu'elle met à la disposition du Conseil national qui effectue une telle recherche.

En revanche, la recherche de ses origines pour tout enfant né après cette date ne concerne que les cas d'accouchements anonymes avec demande de secret d'identité dans les conditions prévues par la loi du 22 janvier 2002.

➤ Le principe issu de la loi du 22 janvier 2002

Désormais, toute personne adoptée à la recherche de ses origines biologiques qui se voit opposer la demande de secret de l'identité de sa mère et/ou de son père est soumise à l'obligation de s'adresser au Conseil national pour l'accès aux origines personnelles (CNAOP) qui doit veiller à vérifier que la mère (et/ou le père) ne s'oppose(nt) pas à lever le secret de l'identité conformément à la procédure issue de la loi du 22 janvier 2002 (avis de la CADA, 11.7.2002).

En principe, toute communication de dossiers peut être accordée à l'enfant qui en fait la demande, dès lors qu'en cas de demande de secret, aucun élément identifiant n'est remis. Lorsque seul un parent demande le secret, l'identité de l'autre parent va pouvoir être révélée, sous réserve du respect du secret de celui qui en fait la demande (avis de la CADA, 23.1.1997).

Il ressort désormais des avis rendus par la CADA que lorsque le secret d'identité n'a pas été expressément formulé par la mère (et/ou le père) biologique dans le procès-verbal d'abandon lors de la remise de l'enfant, ou en cas d'accouchement sous X, le dossier concernant la personne adoptée détenu par le service de l'ASE ou l'OAA peut lui être remis et l'identité de sa mère (et/ou de son père) divulguée.

Exemple

Si c'est la grand-mère de l'adoptée qui remet l'enfant en adoption et signe le procès-verbal d'abandon en demandant le secret de l'identité de la mère et non cette dernière qui manifeste expressément cette demande, la CADA considère que cette demande de secret n'est pas opposable au pupille et que toutes les mentions relatives à l'état civil de l'enfant (identité des père et mère, grands-parents, frères et sœurs) peuvent être révélées (avis de la CADA, 2.5.2002).

De même, le comportement ultérieur des parents pourrait conduire à un renoncement de leur part de maintenir le secret de leur identité, comme par exemple le cas de parents biologiques qui se sont manifestés auprès des services compétents plus d'un an après l'adoption de leur enfant abandonné trois ans auparavant (avis de la CADA, 2.5.2002).

En revanche, s'agissant de l'usage de la mention préimprimée « *le secret le plus absolu sera conservé sur ces déclarations* » figurant sur le procès-verbal d'abandon mentionnant le nom de la mère (et/ou du père) et signé par cette dernière, l'entrée en vigueur de la loi du 22 janvier 2002 rend impossible la divulgation de l'identité du ou des parents sans que le Conseil national pour l'accès aux origines personnelles n'ait consulté ces derniers, contrairement à ce qui a pu être jugé par la CADA avant la création dudit Conseil (avis de la CADA, 13.6.2002).

La demande de secret doit porter sur l'identité elle-même du ou des parents et non sur un élément de l'état civil de l'enfant tel que le lieu de naissance, qui ne saurait être assimilé à une demande de secret de l'état civil complet (avis de la CADA, 24.1.2002).

Les informations à caractère médical peuvent désormais être aussi directement communiquées au demandeur, sans l'intermédiaire d'un médecin, depuis l'entrée en vigueur de la loi sur les droits du malade (art. L. 1111-7, CSP, issu de la loi n° 2002-303 du 4.3.2002).

Les informations indirectes relatives à la conception de l'enfant (viol, inceste) émanant d'un membre de la famille élargie peuvent également être communiquées à l'enfant, tout élément pouvant identifier les parents qui ont demandé le secret ayant été occulté (avis de la CADA, 6.7.2000).

Lorsque les parents (ou l'un d'eux seulement) n'ont pas demandé le secret de leur identité, l'intégralité du dossier peut être remis à l'enfant (excepté les renseignements identifiant l'autre parent s'il a demandé l'anonymat).

Le dossier peut comporter des décisions juridictionnelles concernant la situation de l'enfant avant son placement. Celles-ci peuvent être communiquées à moins que cette révélation ne porte atteinte au déroulement d'une procédure juridictionnelle en cours.

La communication à un pupille de l'État de son dossier, qu'il soit détenu par l'Aide sociale à l'enfance ou par une association, peut avoir des conséquences importantes sur la vie de la personne concernée. En effet, celle-ci a souvent besoin de comprendre un contexte historique ou un élément du dossier. C'est pourquoi les conditions de la communication du dossier et/ou le caractère communicable de certaines pièces doivent faire l'objet d'une attention particulière. En cas de doute, le service concerné peut solliciter la CADA pour être sûr de pouvoir communiquer un élément.

En cas de refus de révélations de dossiers ou d'informations le concernant, l'enfant adopté peut saisir la commission d'accès aux documents administratifs (CADA) qui siège à Paris. Cette commission rend seulement des avis sur le caractère communicable d'un document. Mais s'il y a une demande de secret, il appartient à l'enfant de formuler une demande auprès du CNAOP.

Pour trouver le thème qui vous intéresse, consultez la table des matières en début de volume ou l'index alphabétique en fin de volume.

À noter

Il y a une distinction majeure à effectuer entre les origines de l'enfant, qui sont constituées de tous les éléments familiaux non identifiants, ainsi que ceux entourant sa naissance et/ou son abandon et l'identité même des parents.
En cas de demande de secret, l'enfant a toujours accès aux divers renseignements non identifiants laissés par le parent à son intention.

Attention

Cette faculté n'est possible que si la mère a laissé de tels renseignements. Depuis l'entrée en vigueur de la loi du 22 janvier 2002, les services hospitaliers sont tenus d'inviter la femme qui accouche sous X à le faire. Il ne s'agit pas d'une obligation. Et pour toutes les personnes nées avant cette loi, l'importance des renseignements non identifiants laissés dans le dossier de l'enfant est très variable.

Il n'y a pas de règles lors de la remise de l'enfant à l'Aide sociale : chaque parent qui demande le secret peut laisser des renseignements plus ou moins détaillés, voire même identifiants, sur les origines de l'enfant (nationalité, confession, circonstances de l'abandon, renseignements médicaux...), ce qui rend inégal, d'un dossier à l'autre, l'importance des renseignements communiqués.

➤ La demande d'accès aux origines personnelles

◆ ***Qui peut formuler la demande ?***

- L'adopté lui-même s'il est majeur ;
- Ses représentants légaux s'il est mineur ou lui-même avec l'accord de ceux-ci ;
- Son tuteur s'il est placé sous tutelle ;
- Ses descendants majeurs en ligne directe s'il est décédé (art. L. 147-2, CASF).

◆ ***Auprès de qui adresser la demande ?***

Lorsqu'une personne adoptée est à la recherche de ses origines parce qu'elle est née sous X (sa mère ayant en outre demandé à ce que son identité, lorsqu'elle est connue, ne soit pas révélée), ou parce que, née avant la loi du 22 janvier 2002, elle a pu être le sujet d'un abandon avec demande du secret de l'identité de ses parents, cette dernière doit formuler une demande d'accès à ses origines personnelles :
- soit directement auprès du Conseil national pour l'accès aux origines personnelles ;
- soit auprès du président du conseil général du département concerné (art. L. 147-3, CASF).

◆ ***Forme de la demande***

La demande doit être formulée par écrit. Toutes pièces justificatives attestant de l'identité et de la qualité de l'auteur de la requête sont exigées. Il est accusé réception de cette demande dans le délai d'un mois.
Cette demande peut être retirée à tout moment, dans les mêmes formes.

◆ ***Satisfaction de la demande***

La demande d'accès aux origines personnelles n'est pas obligatoirement satisfaite. L'accès à l'identité de ses parents n'est pas de droit. Plusieurs hypothèses sont possibles.

• Si la mère (et/ou le père) a déjà effectué une demande de levée de secret d'identité, ou si une déclaration d'identité a été effectuée par ses ascendants, descendants ou collatéraux privilégiés (c'est-à-dire ses frères et sœurs) auprès du Conseil supérieur national pour l'accès aux origines, alors, l'instance saisie de la demande transmet à l'enfant l'identité de sa mère et/ou celle de son père :
- lorsque le demandeur saisit le CNAOP, ce dernier demande au président du conseil général de lui transmettre le pli fermé qu'il détient et l'identité des personnes qui ont levé le secret ;
- lorsque le demandeur s'adresse au président du conseil général, ce dernier tient à sa disposition les copies des demandes de lever du secret et/ou des déclarations y afférentes reçues par le CNAOP.

• Si l'identité de la mère et/ou du père du demandeur n'ont pas fait l'objet d'une levée ou d'une déclaration dans les conditions suscitées, la divulgation de l'identité demandée va dépendre des circonstances.

Tout d'abord, lorsque le président du conseil général est saisi d'une demande d'accès aux origines et que le dossier révèle une demande expresse de secret sans que celui-ci ait été levé ou alors ne permet pas, après examen, d'établir de manière certaine la volonté du secret de l'identité, ou enfin s'il résulte de ce dossier que le ou les parents biologiques sont décédés sans procéder à la levée de ce secret, ladite demande est transmise dans le mois de sa réception au Conseil national pour l'accès aux origines personnelles (art. 14 du décret du 3.5.2002 relatif au Conseil national pour l'accès aux origines personnelles).

Lorsqu'il est saisi, directement ou par l'intermédiaire du président du conseil général qui lui transmet le dossier dans les conditions susvisées, le CNAOP procède à une recherche pour entrer en contact avec le ou les parents qui ont demandé le secret. À cette fin, il a juridiquement compétence pour recueillir copie des éléments relatifs à l'identité :
- de la femme qui a demandé le secret de son identité lors de son admission pour accoucher dans un établissement de santé et, le cas échéant, de la personne qu'elle a désignée à cette occasion comme étant l'auteur de l'enfant ;
- de la ou les personnes qui ont demandé la préservation du secret de leur identité lors de l'admission de leur enfant comme pupille de l'État ou de son accueil par un organisme autorisé et habilité pour l'adoption (lorsque cette possibilité était offerte aux parents, avant la loi du 22.1.2002) ;
- des auteurs de l'enfant dont le nom n'a pas été révélé à l'officier d'état civil lors de l'établissement de l'acte de naissance.

En outre, les établissements de santé et les services départementaux, ainsi que les organismes autorisés et habilités pour l'adoption communiquent au Conseil national, sur sa demande, la copie des éléments relatifs à l'identité de ces personnes susmentionnées, ainsi que tout renseignement ne portant pas atteinte au secret de cette identité, et concernant la santé des père et mère de naissance, les origines de l'enfant et les raisons et circonstances de sa remise au service de l'Aide sociale à l'enfance ou à un organisme autorisé et habilité pour l'adoption (art. L. 147-5, CASF).

De même, en cas d'adoption internationale, le Conseil national est habilité à demander à la Mission de l'adoption internationale (MAI), à l'Autorité centrale pour l'adoption ou à des organismes d'adoption autorisés et habilités, des informations complémentaires à celles initialement reçues et que ces dernières pourraient obtenir des autorités étrangères.

Le Conseil national peut également demander au procureur de la République les éléments figurant dans l'acte de naissance d'origine lorsque ces éléments sont considérés comme nuls au sens de l'article 354 du Code civil (en cas d'adoption plénière, un nouvel acte d'état civil est rédigé).

Lorsque l'identité des parents est connue, le Conseil national ne la transmet au demandeur qu'à certaines conditions. Il va tout d'abord nommer une personne (un correspondant départemental ou une personne nommée ou recrutée sur contrat par le ministère chargé de la Famille) mandatée pour rencontrer, dans le respect de sa vie privée, et en toute confidentialité, la mère (et/ou le père). L'identité sera alors révélée :
- si la mère (et/ou le père) de naissance n'a pas manifesté expressément sa volonté de préserver le secret de son identité, et après avoir vérifié sa volonté ;
- si elle a donné son consentement exprès à la levée du secret, dans le respect de sa vie privée ;
- si la mère (et/ou le père) décédée, sous réserve qu'elle (et/ou il) n'ait pas exprimé de volonté contraire à l'occasion d'une demande d'accès à la connaissance des origines de l'enfant.

Il est même possible au Conseil national, sous réserve de certaines dispositions, de demander aux organismes de Sécurité sociale ou aux organismes qui assurent la gestion des prestations sociales de réunir tous les renseignements utiles pouvant indiquer l'adresse de la mère et du père biologiques.

À noter

Le demandeur est tenu informé, à intervalles réguliers, du résultat des investigations.

Si la mère (et/ou le père) de naissance a expressément consenti à la levée du secret ou, si, en cas de décès, elle (et/ou il) n'a pas manifesté sa volonté contraire, le demandeur aura alors accès à son (leur) identité. Le Conseil national pour l'accès aux origines personnelles procède à la nomination

d'un de ses membres ou d'une des personnes recrutées sur contrat par le ministère chargé de la Famille dont il peut se faire assister aux fins d'ouverture du pli fermé contenant l'identité.
En outre, dans chaque département, deux personnes désignées par le président du conseil général travaillent en relation avec le Conseil national pour l'accès aux origines personnelles afin d'organiser dès que possible la mise en œuvre d'un accompagnement psychologique de l'enfant (art. L. 223-7, CASF).
En cas de demande de rencontre, les personnes concernées doivent donner leur consentement à la personne mandatée ou au Conseil national pour effectuer leur recherche.

➤ Conséquence juridique de l'accès aux origines personnelles

L'accès à l'identité de sa mère et/ou celle de son père n'emporte aucune conséquence juridique sur l'état civil de l'enfant : aucun droit ni devoir ne peut naître à l'égard de quiconque.

À noter
La loi du 22 janvier 2002 a institué dans le Code civil une nouvelle disposition, à l'article 62-1, qui permet au père biologique qui souhaite reconnaître un enfant né sous X d'en informer le procureur de la République, lequel pourra alors rechercher la date et le lieu d'établissement de la naissance de l'enfant.

L'accouchement sous X constitue un obstacle à l'établissement de la filiation paternelle pour un père désireux de reconnaître un enfant né sous X, car celui-ci ne connaît en général ni le lieu, ni la date de naissance. En outre, le placement de l'enfant en vue de son adoption constitue un empêchement à toute reconnaissance juridique. Toutefois, dans une décision rendue par le tribunal de grande instance de Créteil, les juges ont pu légalement établir la filiation paternelle d'un enfant né sous X en 1954, grâce à la possession d'état, qui constitue l'un des modes d'établissement de la filiation. Doit alors être constatée la réunion suffisante de faits démontrant un rapport de filiation et de parenté entre l'enfant et la famille prétendue. Cette possession d'état, qui doit être continue, concernait en l'espèce un enfant dont le père, emprisonné au moment de la naissance, avait remis une lettre à son avocat mentionnant son intention de reconnaître l'enfant. Il avait également, avant d'être exécuté, écrit à sa fille en lui demandant de retrouver son demi-frère et de le considérer comme son héritier (TGI Créteil, Dalloz 2002, jurisprudence p. 1710).

LA PROCÉDURE D'ADOPTION

La procédure d'adoption comprend deux phases successives : une phase administrative et une phase judiciaire.
La phase administrative correspond à la procédure d'agrément, obligatoire dans certains cas. Cet agrément, lorsqu'il est obtenu le cas échéant, doit ouvrir droit à l'adoption.
Le candidat doit entrer en relation avec un intermédiaire en vue d'accueillir un enfant chez lui.
La procédure judiciaire d'adoption, concrétisée par le jugement d'adoption peut ensuite être entamée.

Pour trouver le thème qui vous intéresse, consultez la table des matières en début de volume ou l'index alphabétique en fin de volume.

LA PHASE ADMINISTRATIVE : L'AGRÉMENT

Avant toute demande d'adoption, l'obtention de l'agrément administratif est dans certains cas rendue obligatoire par la loi. Il s'agit d'une véritable autorisation à l'adoption qui repose sur le contrôle de certains critères matériels et psychologiques attestant de la garantie d'une adoption réussie, dans l'intérêt de l'enfant et de la famille.

DANS QUELS CAS L'AGRÉMENT ADMINISTRATIF EST-IL OBLIGATOIRE ?

L'agrément constitue un véritable « laissez-passer » pour l'adoption. Il n'a pas pour but de sélectionner les meilleurs parents, mais seulement de garantir à l'enfant adopté que les conditions de son accueil par le demandeur puissent lui être garanties sur le plan familial, éducatif et psychologique (art. 4, décr. 23.8.1985).

La loi rend l'obtention de l'agrément obligatoire dans deux cas (décr. n° 98-771 du 1.9.1998) :

- pour l'adoption d'un pupille de l'État (art. L. 225-2, CASF) ;
- pour l'adoption d'un enfant étranger (art. L. 225-15, CASF).

Ainsi, dans tous les autres cas d'adoption, l'agrément ne sera pas obligatoire. Ces cas recouvrent tous les enfants non étrangers, adoptés par l'intermédiaire d'un organisme d'adoption agréé.

Ces cas concernent en majorité l'adoption intrafamiliale ou l'adoption de l'enfant du conjoint. En pratique, même en cas d'adoption par l'intermédiaire d'un organisme d'adoption agréé, l'obtention de l'agrément est souvent exigée (ou remplacée par une instruction similaire).

À noter

L'article 353-1 du Code civil permet au juge de prononcer exceptionnellement une adoption par une personne qui n'a pas obtenu l'agrément.

COMMENT OBTENIR L'AGRÉMENT ADMINISTRATIF ?

Lorsque les candidats à l'adoption souhaitent adopter un enfant pour lequel l'agrément est nécessaire – ce qui représente la grande majorité des adoptions – une demande initiale d'agrément doit être faite auprès des services de l'Aide sociale à l'enfance du département de résidence, qui dépendent du conseil général.

La demande d'agrément

La demande d'agrément s'effectue par une lettre simple auprès de l'ASE du département ou, si les candidats demeurent à l'étranger, à l'ASE du dernier département de résidence en France ou celui de leur attache.

Dans les deux mois, l'ASE accuse réception de cette demande et informe (lors d'une réunion ou d'entretiens individuels) les candidats des dimensions psychologiques, éducatives et culturelles de l'adoption, de leur droit d'accès à leur dossier et surtout du fonctionnement de la procédure d'agrément (investigations, fonctionnement de la commission d'agrément).

À l'issue de cette information, les candidats doivent se faire remettre un document comportant un certain nombre de renseignements sur les conditions d'adoption générales (procédure d'adoption judiciaire et internationale) et sur celles relatives à leur département, notamment :
- le nombre de demandes d'agréments et celui délivré chaque année ;
- le nombre et la situation (âge, effectif...) de pupilles de l'État ;
- l'existence et le fonctionnement des OAA, en fournissant la liste de ceux qui officient dans le département ;
- l'existence et le type de renseignements contenus dans le fichier des décisions relatives à l'agrément tel que mis en place par le ministre chargé de la Famille.

La confirmation de la demande

Les candidats doivent confirmer par écrit leur demande, en envoyant au président du conseil général de leur département la fiche de renseignements qui leur a été remise.

Les pièces à fournir lors de cette confirmation (outre les éventuels désirs relatifs à l'enfant adopté) sont :
- la copie intégrale de l'acte de naissance et, en présence d'enfants, une fiche familiale d'état civil ;
- un extrait de casier judiciaire (bulletin n° 3) ;
- un certificat médical de moins de trois mois attestant de l'état de santé des demandeurs et des membres de sa famille (dont l'état ne doit pas être en contre-indication avec l'accueil d'un enfant), émanant d'un médecin inscrit sur une liste établie par le président du conseil général ;
- tout document attestant des ressources du candidat.

LES CRITÈRES POUR ACCEPTER OU REFUSER UN AGRÉMENT

L'instruction de la demande

Dans un premier temps, la décision est fondée sur les critères légaux des conditions de l'adoption : âge, situation matrimoniale des candidats...

Dans un second temps, les critères qui influent ensuite sur la décision sont relatifs aux conditions d'accueil. Avant de rendre sa décision, l'Aide sociale à l'enfance procède à une instruction de la demande, sous la forme d'une enquête sociale et d'entretiens avec les candidats, afin d'apprécier les conditions d'accueil de l'enfant, tant d'un point de vue matériel qu'éducatif et psychologique.

L'enquête est réalisée par des travailleurs sociaux (des professionnels dont la liste est déposée au conseil général) diligentés par l'Aide sociale à l'enfance, et qui se divise en deux phases : une phase d'évaluation sociale et une phase d'évaluation psychologique.

- ***L'enquête sociale***

L'enquête sociale prend généralement la forme d'un entretien particulier avec un professionnel (éducateur spécialisé ou assistante sociale) et d'une visite à domicile.

L'entretien permet de discuter du contexte dans lequel la décision d'adopter a été choisie ainsi que les projets formulés par les parents (la motivation du projet d'adoption, les formes et spécificités de l'adoption...).

La visite permet d'apprécier *in situ* les conditions matérielles concrètes de l'accueil de l'enfant (conditions de vie).

- ***L'entretien psychologique***

Un entretien avec un psychologue ou, éventuellement, un psychiatre permet d'aborder la dimension psychologique de l'adoption, ainsi que les difficultés éventuelles liées au deuil de l'enfant biologique : les notions d'abandon, d'accouchement sous X, le moment opportun de révéler à l'enfant qu'il est adopté, l'évocation du pays d'origine lorsque l'enfant est adopté à l'étranger, et la recherche éventuelle de son identité à un moment de sa vie sont autant d'éléments de discussion et d'approche évoqués au cours des entretiens.

Il n'y a pas de règle sur le déroulement de cette enquête psychologique, dont la forme et le contenu varient d'un département à un autre, selon sa propre philosophie. Chaque département procède selon une pratique qui lui est propre tant au niveau de la remise de l'enfant par ses parents biologiques (en incitant plus ou moins les parents à laisser des renseignements non identifiants), que de l'instruction de la procédure d'agrément ou de la communication de son dossier à un pupille de l'État (plus ou moins accompagnée) : ainsi, il existe un lien entre la pratique de ces différentes étapes, chacune exerçant une influence sur l'autre.

Il est fréquent que l'instruction comprenne plusieurs entretiens, à la fois avec un psychologue et un psychiatre.

À l'issue de cette procédure d'investigation, un rapport détaillé est rédigé sur l'évaluation par les intervenants de la capacité psychologique, éducative et matérielle des candidats à adopter un enfant. Parmi les dossiers ins-

truits, un rapport est transmis à la commission d'agrément, laquelle va se fonder sur les avis motivés émis par chacun des intervenants.
L'ensemble des professionnels sociaux et médicaux qui interviennent au cours de la procédure (c'est-à-dire l'assistance sociale, l'éducateur, le psychologue et évidemment le médecin psychiatre) est tenu au secret professionnel.

Attention

Les candidats peuvent à tout moment se faire assister par une personne de leur choix (art. L. 223-1, CASF).
Ils sont tenus informés de la date à laquelle la commission va examiner leur dossier, et peuvent demander à être entendus par elle, accompagnés de la personne de leur choix. Les candidats peuvent également faire part de leurs observations par écrit.
Au moins quinze jours avant que leur dossier soit confié à la commission d'agrément, les candidats sont informés qu'ils ont accès à tout document figurant dans leur dossier. Ils ont la possibilité de demander par écrit la rectification d'une erreur matérielle (portant sur un élément objectif), ou que tout ou partie de la procédure d'investigation soit renouvelée une seconde fois par d'autres personnes (les entretiens par exemple, si le contact avec le professionnel n'a pas permis une discussion satisfaisante pour le demandeur - art. L. 225-3, CASF).

À noter

Il est conseillé aux candidats, avant ou en cours de procédure, de rencontrer des familles en attente d'adoption et/ou des parents adoptifs par l'intermédiaire d'associations.

LA DÉCISION D'AGRÉMENT

La décision est prise par le président du conseil général, dans un délai de neuf mois suivant le dépôt de la demande, et après avis d'une commission (la commission d'agrément).

Depuis la loi du 5 juillet 1996, la commission d'agrément est composée de sept membres :
- trois personnes membres du service de l'ASE ayant compétence en matière d'adoption ou des suppléants désignés ;
- deux membres du conseil de famille des pupilles de l'État, dont un membre nommé sur proposition de l'Union Départementale des Associations Familiales (UDAF) ;
- un membre représentant l'association d'entraide entre les pupilles et anciens pupilles de l'État ou son suppléant ;
- une personne qualifiée dans le domaine de la protection sociale et sanitaire de l'enfance.

Ses membres sont nommés pour six ans par le président du conseil général. Chaque membre est tenu au secret professionnel. Si le dossier présenté concerne un candidat lié par un lien quelconque avec un membre de la commission, ce dernier ne siégera pas.

La commission, réunie au moins à la moitié des membres, consulte les dossiers d'agrément qui lui sont soumis. Aux vues des rapports émis par les professionnels, elle rend un avis, qui est motivé, et qui donne lieu à l'établissement d'un procès-verbal.

En cas de partage des voix, c'est son président qui tranche. Avant, elle peut éventuellement demander la convocation du demandeur pour l'entendre, qui ne sera en aucun cas présent lors de la prise de décision.

Au vu de cet avis, le président du conseil général rend sa décision, qui est notifiée par écrit au demandeur, souvent par lettre recommandée. Toute décision d'agrément est transmise sans délai par le président du conseil général au ministre chargé de la Famille.

Attention

Les délais de recours contre la décision de refus d'agrément courent à partir de la notification de cette décision.

L'OCTROI DE L'AGRÉMENT

L'agrément est accordé pour l'adoption d'un ou plusieurs enfants adoptés simultanément, pour cinq ans, et demeure valable dans tous les départements, à condition d'effectuer une déclaration préalable au président du conseil général du département de votre nouvelle résidence.

À l'issue de ce délai de cinq ans, une nouvelle demande peut être introduite.

À noter

Chaque année à la date anniversaire de la délivrance de l'agrément la personne ou le couple dont le projet d'adoption n'a pas abouti doit réitérer par une lettre adressée au service de l'Aide sociale à l'enfance son souhait d'adopter. Cette formalité est nécessaire que vous envisagiez d'adopter un pupille de l'État ou un enfant étranger.

Une fois accordé, l'agrément peut être retiré ou modifié, sur avis de la commission d'agrément, si la situation matrimoniale change (décr., 1.9.1998). Les candidats doivent faire une déclaration sur l'honneur de toute modification ultérieure.

LE REFUS D'AGRÉMENT

Tout refus ou retrait d'agrément doit être motivé (art. L. 225-4, CASF). La motivation n'est plus limitée par l'âge ou la présence d'enfant au foyer, mais il est évident qu'un motif discriminatoire (comme l'appartenance à une religion, l'homosexualité, la race...) constituerait un motif d'illégalité et donc d'annulation en cas de recours.

Un changement de département de résidence des candidats n'a aucune incidence sur la décision de refus ou de retrait de l'agrément qui leur demeure toujours opposable.
En cas de refus, aucune nouvelle demande d'agrément n'est possible avant le délai de trente mois.

À noter
Parfois, le refus d'agrément est fondé sur le fait que le recours à l'adoption par des candidats peut être prématuré en raison de la rapidité de leur choix, le deuil de l'enfant biologique n'ayant pas encore été fait, notamment lorsque la demande d'agrément intervient immédiatement après l'échec d'une procréation assistée. Le renouvellement de la demande supportant un délai de trente mois, il est souvent préférable de réfléchir avant, ou au cours de la demande initiale. Parfois, les entretiens prévus par des professionnels au cours de l'instruction permettront de mettre en évidence ce délicat problème.

LE RECOURS CONTRE UNE DÉCISION DE REJET

En cas de rejet de la demande d'agrément, les candidats disposent de deux voies de recours possibles. Toute décision doit être notifiée aux candidats qui doivent être informés de l'existence de ces voies de recours et des délais pendant lesquels ils peuvent être exercés.

➤ Le recours administratif

Le recours administratif est un recours qui s'exerce directement auprès de l'administration qui a rendu la décision contestée qui fait grief au demandeur et qui vise à l'annulation de celle-ci. Il existe deux recours administratifs :

- ***Le recours gracieux***

Le recours gracieux est le recours administratif qui s'exerce directement devant l'autorité dont émane la décision. En matière d'agrément, le recours s'exerce devant le président du conseil général du département concerné. En pratique, le président peut déléguer cette tâche à un responsable du service de l'enfance, auquel cas le recours s'exercera devant cette personne, dès lors qu'elle signe la décision.

- ***Le recours hiérarchique***

Le recours hiérarchique est un recours administratif qui s'exerce devant l'autorité administrative hiérarchiquement supérieure à l'autorité dont émane la décision en cause.
En réalité, ce recours présente des difficultés de mise en œuvre, d'une part en raison de l'absence de lien hiérarchique entre un élu qu'est le président du conseil général et une autorité administrative (lorsque c'est lui qui signe

la décision, cas le plus fréquent conformément à la loi et à la pratique), et d'autre part, en raison des délais. En effet, le recours contentieux est inscrit dans un délai très court, qui n'est prorogé qu'une fois par un recours administratif. L'exercice de deux recours administratifs empêcherait tout recours contentieux, ce qui n'apparaît pas être dans l'intérêt d'un candidat qui conteste une décision, et qui se serait déjà vu confirmer un refus de la part de l'instance qui a rendu la décision, à savoir le président du conseil général, lors d'un recours gracieux.

Ces recours administratifs n'exigent ni formalité ni délais particuliers. Une simple lettre exposant la demande d'annulation de la décision et ses motifs est envoyée par le requérant à l'Administration concernée, qui n'a elle-même aucune obligation de réponse. De deux choses l'une :
- soit l'autorité administrative répond, et sa décision est notifiée au demandeur ;
- soit elle ne répond pas et le demandeur doit attendre le délai de quatre mois de silence de sa part pour constater une décision implicite de rejet (la simple preuve de la date de l'envoi de la lettre en produisant le récépissé de La Poste suffit).

Si la décision de l'Administration rejette la demande d'annulation de la décision d'agrément contestée, suite à l'exercice d'un premier recours administratif, le requérant peut soit :
- exercer un second recours administratif (sans délai) ;
- exercer un recours contentieux devant le tribunal administratif, mais à la condition que le premier recours administratif soit exercé dans le délai de l'exercice du recours contentieux prorogeant d'autant ce dernier, c'est-à-dire dans le délai de deux mois suivant la notification de la décision d'agrément. Le délai de recours contentieux prorogé débute soit à compter de la réponse de l'Administration, soit à compter de la décision implicite de rejet.

Attention

En aucun cas l'exercice d'un deuxième recours administratif ne pourrait proroger une deuxième fois le délai de recours contentieux. Ainsi, pour faire annuler une décision d'agrément, si suite aux deux recours administratifs successifs les décisions rendues, implicites ou explicites confirment la décision de refus d'agrément et que le délai de recours contentieux est expiré, ce dernier ne pourra pas être exercé.

À noter

En pratique, un premier recours gracieux est effectué, et en cas de confirmation du rejet de la demande, le recours est directement dirigé devant le tribunal administratif. Il s'agit du recours contentieux.

➤ Le recours contentieux

Pour effectuer un recours devant les tribunaux administratifs, certaines conditions sont exigées : en ce qui concerne un acte administratif individuel, celui-ci doit faire grief à la personne qui le conteste. Ce qui est le cas en matière d'agrément : l'acte qui concerne un particulier individualisé est pris par le président du conseil général (autorité administrative) et constitue un acte administratif causant un préjudice certain (le refus d'adoption). À ce titre, les règles du contentieux administratif s'appliquent.

Les candidats disposent donc d'un recours en annulation : le recours pour excès de pouvoir, porté devant le tribunal administratif, recours qui vise à l'annulation de la décision administrative d'agrément.

- ***Requête devant le tribunal administratif***

Ce recours s'exerce sous la forme d'une simple requête écrite, sans ministère d'avocat obligatoire, devant le tribunal administratif du ressort du domicile du demandeur.

La requête doit énoncer les qualités du requérant, ses conclusions (ce qu'il demande) et les moyens (les fondements de sa demande). Datée et signée, elle doit être envoyée dans les deux mois à partir du jour de la notification de la décision d'agrément, c'est-à-dire à partir du jour où le requérant en a eu connaissance.

Les actes devant la justice administrative sont gratuits (loi du 30.12.1977). En outre, l'obligation d'apposer un timbre fiscal est supprimée pour les requêtes enregistrées depuis le 1er janvier 2004 (les requêtes enregistrées antérieurement non accompagnées d'un timbre fiscal restent irrecevables).

- ***La décision du tribunal administratif***

Les juges exercent leur contrôle par référence à « l'intérêt de l'enfant », critère qui justifie l'octroi de l'agrément. La jurisprudence révèle que les refus sont en général fondés sur les conditions d'accueil de l'enfant, dont la santé serait en jeu, ou sur les garanties éducatives, affectives et psychologiques.

La décision du tribunal administratif peut être contestée en appel devant la cour administrative d'appel, dont la décision peut faire l'objet d'un recours en cassation devant le Conseil d'État.

À noter

Le tribunal administratif de Lyon, saisi d'une requête portant sur un refus d'agrément opposé à une femme célibataire, a accordé à cette dernière un agrément provisoire. Cet agrément provisoire est fondé sur le caractère urgent de la situation ; d'une part, l'âge « avancé » de la requérante (51 ans), et d'autre part, les démarches entreprises au Mexique enfin sur le point d'aboutir (TA Lyon, ord. 19.12.2002, req. n° 0205159, Mme L. c/département du Rhône).

Attention

Le refus d'agrément ne peut être motivé sur la seule appartenance à une religion, une race ou sur l'homosexualité. Cependant, certains de ces critères justifient, comme en atteste la jurisprudence, le refus d'un agrément, non pas sur leur simple constatation (ce qui serait illégal), mais sur l'effet que produit une telle situation sur l'enfant, ce qui amène les juges à constater que l'adoption serait contraire à l'intérêt de ce dernier.

Exemple

Un refus d'agrément ne peut être fondé sur la simple référence à l'appartenance à la religion des Témoins de Jéhovah. Certains se sont déjà vu refuser l'agrément sur le seul fait du refus des transfusions sanguines, refus qui constitue un danger potentiel pour l'enfant (CE, département du Doubs c/F., 24.4.1992., Rev. adm. 1992, p. 328).

À propos de l'homosexualité d'un candidat célibataire, la jurisprudence n'a pas toujours été unanime sur ce point. Mais depuis la décision très médiatisée de la Cour européenne des droits de l'homme rendue le 26 février 2002, dans son arrêt « Fretté » confirmant la position de refus du Conseil d'État, l'adoption d'un pupille de l'État ou d'un enfant étranger par une personne célibataire homosexuelle n'est pas possible.

Légalement, l'homosexualité ne constitue pas, en tant que telle, un motif justifiant le rejet de l'agrément, dès lors que l'adoption par une personne célibataire est entièrement reconnue.

Avant l'exercice du recours intenté devant la Cour européenne des droits de l'homme, la jurisprudence (celle du Conseil d'État et de la plupart des tribunaux) refusait l'octroi de l'agrément à une personne homosexuelle, au motif que les garanties qu'elle pourrait apporter sur le plan familial sont insuffisantes pour l'épanouissement de l'enfant.

De même, l'absence de référence masculine ou féminine a été jugée contraire à l'intérêt de l'enfant d'être adopté par une personne homosexuelle (CAA Paris, 26.1.1999, Dalloz 2000, comm. p. 71).

L'absence de garantie est appréciée au cas par cas et repose d'abord sur l'intérêt de l'enfant et non sur le mode de vie ou sur les qualités éducatives des parents qui par ailleurs n'ont jamais été remis en cause. L'intérêt de l'enfant est apprécié de manière objective, et les garanties recherchées pour le bien-être de l'adopté, quelle que soit sa personnalité, ont jusqu'à présent été jugées insuffisantes chez un candidat célibataire homosexuel.

Dans l'affaire portée devant la Cour européenne des droits de l'homme, un homme homosexuel avait fait une demande d'agrément en vue d'une adoption en tant que célibataire. Ce dernier s'est vu opposer un refus, lequel n'a pas été jugé illégal par le Conseil d'État dès lors que ce n'étaient pas les choix de vie du demandeur qui justifiaient le rejet, mais, aux vues de l'instruction, les conditions d'accueil de l'enfant, jugées insuffisantes sur les plans familial, éducatif et psychologique, qui pouvaient présenter des risques importants pour l'épanouissement de l'enfant, et ce malgré les qualités humaines et certaines du demandeur (CE, 9.10.1996, Dr. famille, comm. n° 6).

Cette affaire a été portée par le requérant devant la Cour européenne des droits de l'homme pour violation de l'article 8 de la Convention européenne des droits de l'homme qui garantit à tous le « *droit au respect de la vie privée et familiale* », ainsi que pour violation de l'article 14 de la Convention européenne pour le caractère discriminatoire du refus d'adopter fondé sur son orientation sexuelle.

La décision tant attendue de la Cour européenne a confirmé la décision de refus contestée, et la France n'a pas été condamnée sur ce point. En effet, dans son arrêt « Fretté » du 26 février 2002 (CEDH, F. c/France, 26.2.2002, req. n° 36515/97), la Cour européenne des droits de l'homme a estimé qu'il s'agissait d'une question délicate de société qui divisait les États membres du Conseil de l'Europe eux-mêmes (le Danemark, les Pays-Bas, l'Islande et la Suède accordent aux couples homosexuels légalement unis le droit d'adopter un enfant). La Cour a alors jugé qu'il fallait laisser une large marge d'appréciation aux autorités de chaque État, et n'a donc pas considéré la position du Conseil d'État comme attentatoire au droit au respect de la vie privée garanti par l'article 8 de la Convention européenne des droits de l'homme, ni discriminatoire au sens de l'article 14 de ladite convention.

À la suite de cet arrêt, le Conseil d'État a confirmé la décision de la cour administrative d'appel de Nancy qui avait validé la décision du président du conseil de refuser l'agrément à une candidate homosexuelle. Or, le tribunal administratif de Besançon avait annulé le refus d'agrément estimant que l'absence de référence paternelle dans le développement harmonieux de l'enfant adopté et la place qu'occuperait l'amie de la requérante dans la vie de cet enfant n'étaient pas eux-mêmes de nature à légalement justifier un tel refus (TA Besançon, 21.2.2000). La cour administrative d'appel de Nancy avait considéré, au contraire, que le refus était fondé non pas sur une position de principe, mais sur l'appréciation de garanties insuffisantes pour accueillir un enfant (en l'espèce, l'absence d'implication de la compagne de la requérante dans le projet d'adoption) (CA Nancy, 21.12.2000). Le 5 juin 2002, le Conseil d'État (CE, 5.6.2002, req. n° 230533, Melle B.) confirme le refus d'annulation de l'agrément, considérant les conditions d'accueil d'un enfant objectivement insuffisantes eu égard à la situation du couple.

Attention

L'obtention de l'agrément est nécessaire et indispensable à l'adoption d'un enfant étranger. Cet agrément garantit une adoption en toute légalité et facilite les démarches à l'étranger. Les candidats qui adopteraient à l'étranger en l'absence d'une décision d'agrément s'exposent à de nombreuses difficultés : l'agrément permet à l'enfant étranger l'obtention du visa long séjour et offre au juge étranger la garantie d'une bonne adoption. En France, l'adoption sans l'obtention de l'agrément susciterait d'énormes difficultés pour le prononcé de l'adoption et la régularisation de l'enfant étranger.

À noter

L'agrément conditionne également l'octroi des avantages et allocations aux parents adoptifs.

Attention

L'agrément ne veut pas dire accueil d'un enfant. Il est donné pour un enfant dont l'intérêt est apprécié de manière « abstraite » et non pas pour un enfant individualisé. En France, il y a plus d'agréments donnés que d'enfants adoptables (ce qui explique le succès de l'adoption internationale).

LA MISE EN RELATION DES CANDIDATS À L'ADOPTION AVEC UN ENFANT

Après l'obtention de l'agrément administratif lorsque celui-ci est obligatoire, la suite normale du déroulement de la procédure d'adoption nécessite la mise en relation des futurs adoptants avec un enfant.
La mise en relation des candidats à l'adoption et de l'enfant nécessite, hormis l'adoption d'enfants étrangers, la procédure de placement de l'enfant chez ses futurs parents avant le prononcé de l'adoption.

LA MISE EN RELATION DE L'ADOPTANT AVEC L'ADOPTÉ

L'intervention de l'Aide sociale à l'enfance ou d'un organisme d'adoption agréé va permettre aux futurs parents adoptifs de recevoir chez eux l'enfant qu'ils adopteront en fonction de leurs attentes : cet intermédiaire est parfois imposé par la loi en cas d'adoption d'un enfant âgé de moins de deux ans (hormis le cas d'adoption d'un enfant qui a un lien de parenté jusqu'au sixième degré avec les adoptants), ou d'un pupille de l'État, mais il est parfois recommandé ou souhaité par les parents, notamment en cas d'adoption d'un enfant à l'étranger. L'intermédiaire à l'adoption joue en effet un rôle primordial dans la procédure d'adoption en ce qu'il a vocation à s'occuper des enfants qui leur sont donnés en adoption en leur trouvant une famille : ainsi les familles en attente d'un enfant s'adressent naturellement à eux en vue de leur confier le soin de trouver un enfant correspondant à leurs désirs. En matière d'adoption internationale, l'intervention d'un intermédiaire facilite la constitution du dossier en France et les démarches à l'étranger : elle est pour cela conseillée aux adoptants.

À noter

Sont dénommés intermédiaires à l'adoption, au regard du rôle qu'ils jouent dans la mise en relation des parents avec un enfant, l'Aide sociale à l'enfance et tout organisme d'adoption agréé.

Pour trouver le thème qui vous intéresse, consultez la table des matières en début de volume ou l'index alphabétique en fin de volume.

Les intermédiaires

Le choix de l'intermédiaire s'effectue en fonction de la situation personnelle des candidats et de l'enfant désiré (pupille de l'État, enfant étranger, enfant du conjoint...).

Pour adopter un enfant, trois voies sont donc possibles, selon le choix des parents :
- par l'intermédiaire d'un organisme d'adoption agréé (OAA), pour les enfants qui leur sont confiés ou pour les enfants étrangers ; dans ce cas le candidat s'adresse obligatoirement à l'un de ceux qui est autorisé à œuvrer dans son département de résidence (il peut s'en assurer en se procurant la liste auprès du conseil général).
- par l'intermédiaire de l'ASE pour les pupilles de l'État ; dans ce cas, seul le service des adoptions du conseil général du département de résidence est compétent.
- sans intermédiaire : les parents peuvent procéder à une adoption directement auprès des parents de l'enfant, mais dans certains cas seulement (dont essentiellement celui de l'adoption de l'enfant du conjoint).

Attention

Il faut distinguer deux phases différentes dans la procédure d'adoption : le recueil de l'enfant et le placement de l'enfant.

– Le recueil de l'enfant est la procédure observée par l'Aide sociale à l'enfance ou l'OAA et qui matérialise la prise en charge physique et matérielle de l'enfant dans l'attente de son adoption : il est recueilli par l'intermédiaire choisi par ses parents. Dès lors, il va être placé, selon son âge, en pouponnière ou en famille dite d'accueil (qui n'est pas la famille choisie pour son adoption, bien que cette famille puisse, à l'issue des liens d'affection qui se créeraient, en demander l'adoption) jusqu'à ce que l'intermédiaire établisse pour lui un projet d'adoption.

– Le placement en vue d'adoption de l'enfant est la phase judiciaire qui concrétise la mise en relation des parents adoptifs avec l'enfant. L'enfant placé en vue de son adoption est accueilli dans le foyer de la famille choisie par l'intermédiaire à qui elle s'est adressée pour devenir sa famille adoptive.

Les organismes d'adoption agréés (OAA)

Les organismes privés qui servent d'intermédiaire à l'adoption sont dénommés organismes d'adoption agréés (OAA) depuis la loi du 5 juillet 1996. Leur fonctionnement est régit par le décret n° 2002-575 du 18 avril 2002. Les OAA sont agréés par le président du conseil général pour servir d'intermédiaire à l'adoption ou pour le placement en vue de l'adoption d'un enfant de moins de quinze ans (art. L. 225-11, CASF). Une double autorisation est accordée par le ministère des Affaires étrangères (par l'intermédiaire de la Mission à l'adoption internationale) pour l'adoption d'enfants étrangers (art. L. 225-12, CASF).

L'autorisation ne permet, en principe, l'exercice de cette activité que pour un département. Une autorisation particulière pour chaque département supplémentaire est obligatoire.

Le décret du 18 avril 2002 définit légalement le rôle de l'OAA comme sa capacité à :
- aider à la préparation du projet d'adoption et à apporter des conseils pour la constitution du projet ;
- informer les candidats sur les aspects techniques et juridiques de la procédure d'adoption ;
- accompagner la famille après l'arrivée de l'enfant.

Lorsque l'enfant adopté est étranger, un OAA agréé et habilité pour ce type d'adoption doit en outre déterminer avec les autorités compétentes du pays d'origine les modalités de choix d'une famille, acheminer les dossiers d'adoption vers les interlocuteurs compétents pour prononcer l'adoption et respecter la procédure conformément au droit en vigueur.

Attention

Le décret du 18 avril 2002 exige désormais que les personnes qui interviennent dans le fonctionnement de l'OAA ou qui s'occupent de l'enfant avant son adoption (pendant la phase de recueil et des suivis médicaux, sociaux et psychologiques) justifient d'une expérience ou d'une compétence particulière dans le domaine de l'enfance (art. 4, décr. 18.4.2002).

À noter

D'une manière générale, le décret du 18 avril 2002 renforce les garanties requises dans l'intérêt des enfants et des adoptants, par des contrôles et des sanctions des OAA (c'est-à-dire le retrait de l'autorisation d'exercer pendant une durée plus ou moins longue), tant au niveau de ses membres que dans leur fonctionnement, leurs modalités de financement ou dans le déroulement des adoptions qu'elles réalisent.

La liste des OAA autorisés dans le département du domicile des candidats à l'adoption est fournie par l'Aide sociale à l'enfance (lors de la réunion d'information relative à l'agrément lorsque celui-ci est obligatoire). Il en existe quarante en France. Chaque OAA propose la liste des départements dans lesquels il officie. Il est également possible de la consulter sur demande à la Mission de l'adoption internationale ou sur son site Internet : www.france.diplomatie.fr/mai.

Pour trouver le thème qui vous intéresse, consultez la table des matières en début de volume ou l'index alphabétique en fin de volume.

Attention

Vous ne pouvez pas passer par un OAA qui n'est pas agréé dans votre département.

◆ *Le recueil de l'enfant*

Quels enfants ?

En principe, un organisme d'adoption agréé a vocation à recueillir :
- les enfants étrangers (les enfants étant alors recueillis à l'étranger, selon la procédure locale relative au consentement et aux formes d'adoption) ;
- tous les enfants âgés de moins de deux ans, (hormis ceux qui sont adoptés par un parent ou alliés jusqu'au sixième degré) dont les parents ou le conseil de famille ont valablement consenti à l'adoption (art. 348-5, C. civ.).

Cette compétence est partagée avec l'Aide sociale à l'enfance.

En pratique

Un organisme d'adoption agréé sert surtout d'intermédiaire pour adopter des enfants à l'étranger. Les enfants recueillis au niveau national sont rares, et la majorité des enfants nés sous X est recueillie par l'Aide sociale à l'enfance (avertie soit avant la naissance, soit par l'assistante sociale de l'établissement de santé, soit enfin parce que la mère lui remettra directement son enfant).

Comment s'effectue le recueil de l'enfant ?

Lors du recueil de l'enfant, l'organisme doit, à l'aide d'une notice, avertir les parents ou la personne qui le remet des mesures instituées par l'État et les organismes de Sécurité sociale pour aider les parents à élever leurs enfants, ainsi que des circonstances dans lesquelles l'enfant pourra être repris, à savoir : à tout moment, sans formalité ni condition, pendant un délai de deux mois.

Ces personnes doivent également être informées de la possibilité de laisser dans le document établi au moment du recueil tous renseignements concernant l'origine de l'enfant et les raisons et circonstances de son abandon. Si la mère de naissance accouche sous X et demande le secret de son identité, elle doit être informée des nouvelles dispositions relatives à l'accès aux origines personnelles, dont la possibilité pour elle de laisser son identité sous pli fermé à un correspondant du Conseil national pour l'accès aux origines personnelles ainsi que de la possibilité de le faire ultérieurement, et/ou de compléter à tout moment ses déclarations.
Les personnes qui remettent ainsi l'enfant reçoivent une copie du document établi.

De même, les parents doivent impérativement être informés du fait que le placement de l'enfant fait obstacle à toute restitution ou à toute déclaration de reconnaissance ou de filiation. Un modèle de lettre de rétractation de leur consentement avec l'adresse de l'expéditeur à qui elle devra être envoyée en recommandé avec demande d'avis de réception doit leur être donnée (art. 13, décr. 18.4.2002).

En cas de rétractation de consentement, l'organisme doit en informer dans les trois jours le président du conseil général ou de la collectivité territoriale dans lequel l'enfant a été recueilli.

Attention

Un enfant recueilli par un organisme d'adoption agréé, même lorsqu'il est né sous X, n'est pas un pupille de l'État. Seuls les enfants recueillis par l'Aide sociale à l'enfance et répondant à certaines conditions sont dénommés pupilles de l'État.

Lorsqu'un enfant est recueilli par un OAA en vue de son adoption, l'organisme doit prévenir, dans les trois jours et par lettre recommandée, le président du conseil général, en précisant les modalités de l'accueil provisoire de l'enfant, ainsi que les informations dont il dispose sur la situation familiale et l'état civil de l'enfant. Le président du conseil général vérifie ces informations.

• Qui s'occupe de l'enfant avant le placement en vue de l'adoption ?

– Si les parents de l'enfant sont inconnus, le consentement d'adoption doit être donné par un conseil de famille.
L'organisme doit, dans les deux mois, saisir le juge des tutelles aux fins d'ouvrir une tutelle. La tutelle est composée du président de l'association, tuteur désigné, le conseil de famille est constitué de quatre membres de l'association. Ces derniers seront juridiquement aptes à consentir à l'adoption de l'enfant.
Mais l'enfant sera placé hors du domicile de son tuteur, soit en pouponnière, soit en famille d'accueil (assistants maternels agréés ou établissements sanitaires ou sociaux dûment autorisés). Le lieu d'accueil de l'enfant est transmis au président du conseil général lorsque l'organisme lui déclare le recueil d'un enfant (au titre de la surveillance du département des enfants placés hors du domicile de leur tuteur). Si l'enfant est accueilli dans un lieu qui se situe dans un autre département, le président du conseil général de ce département reçoit également copie de cette déclaration.

– Si les parents de l'enfant sont connus, la tutelle n'est pas ouverte, les parents consentent à l'adoption de leur enfant. Dès que l'enfant est remis à l'organisme par ses parents, ce dernier a la charge effective de l'enfant et prend pour lui toute décision quant à sa personne et à ses biens, en qualité de gardien de l'enfant, et choisit un mode d'accueil en attendant de le placer en vue de son adoption.

Dans un délai de deux mois suivant son recueil, l'enfant subit un examen médical complet par l'un des médecins avec qui l'organisme collabore, et qui sera transmis à la famille d'accueil et aux futurs parents adoptifs lors du placement (art. 14, décr. 18.4.2002).
Ce dossier médical sera communiqué aux futurs adoptants.

Le choix des candidats à l'adoption

• Qui peut faire une demande d'adoption à un organisme d'adoption agréé ?
Toute personne qui désire adopter un enfant par l'intermédiaire d'un organisme d'adoption peut envoyer une candidature, à condition d'être titulaire de l'agrément lorsqu'il est obligatoire.
La plupart des adoptions effectuées par l'intermédiaire des OAA sont internationales et les organismes ont l'obligation légale de vérifier que les candidats sont bien titulaires de cet agrément (art. 28, décr. 18.4.2002).
En dehors de cette exigence légale, le décret du 18 avril 2002 ne requiert aucune autre condition à l'égard des candidats.
Il suffit de se renseigner auprès de la MAI et/ou du conseil général sur le (ou les) OAA à qui envoyer une candidature, en fonction du critère géographique (autorisation de fonctionnement dans le département de résidence) et du critère relatif à l'adoption elle-même afin d'envoyer une lettre de demande à (ou aux) OAA correspondant aux choix ou possibilités offertes au demandeur. En général, lors de la procédure d'agrément, une liste des OAA autorisés à œuvrer dans le département est fournie.

• Comment effectuer une demande d'adoption à un organisme d'adoption agréé ?
Lorsque le ou les organismes d'adoption sont choisis, les candidats à l'adoption effectuent une simple demande d'adoption par courrier en précisant leur désir d'enfant, leurs motivations pour l'adoption et leurs préférences s'ils en ont, conformément à l'agrément qui leur a été donné (âge de l'enfant, nationalité, sexe, nombre d'enfant...).

• Comment l'organisme d'adoption agréé effectue-t-il le choix des parents pour un enfant ?
Un ou plusieurs entretiens avec le responsable de l'organisme et/ou d'autres personnes peuvent être proposés aux candidats (en cas d'adoption internationale notamment) au terme duquel (ou desquels) un projet d'adoption peut être conclu.
Mais la mise en relation avec l'enfant n'est pas de droit. Le ou les entretien(s) permet(tent) surtout d'étudier la candidature, aux vues de tous les critères de choix tels que les désirs et volontés des candidats, les possibilités de l'organisme, et surtout et essentiellement l'agrément et, en cas d'adoption internationale, la législation du ou des pays pour lesquels ils sont habilités à recueillir des enfants.
Le fait de contacter un organisme équivaut pour les candidats à envisager une nouvelle phase de sélection avant une réponse finale de la part de l'organisme dont le but, qui est de servir d'intermédiaire à l'adoption, est de voir aboutir les dossiers.
La sélection s'effectue à tous les degrés : l'entretien permet de voir s'il est possible d'établir un projet correspondant aux attentes des candidats. Cet entretien permet parfois même de réorienter les parents en fonction du pays initialement choisi (s'ils sont trop âgés et/ou s'ils désirent un enfant très jeune),

l'adoption étant, selon les cas, plus facile dans certains pays et impossible dans d'autres.

À noter

Il n'existe aucun recours contre le refus d'une candidature par un OAA. Selon la loi, les organismes acceptent les candidatures, en dehors des conditions légales qui ne seraient pas requises telles que l'agrément, en fonction de leur capacité de fonctionnement et des conditions légales des pays pour lesquelles ils sont habilités. Il y a plus de candidats à l'adoption que d'enfants adoptables.
Lorsque le projet d'adoption est établi, les candidats en reçoivent une copie.

◆ Le placement de l'enfant

Le projet de placement

À l'issue de la sélection des candidatures, l'OAA propose concrètement aux candidats un enfant correspondant à leurs souhaits et à l'intérêt de l'enfant. Il ne s'agit plus de parler d'enfant de manière abstraite en évaluant la capacité éducative des parents, mais bien de proposer un enfant individualisé aux candidats qui le recevront au sein de leur foyer, en vue de son adoption : il s'agit de la procédure de placement.

La réalisation du placement

Lors du placement effectif de l'enfant, l'association a l'obligation d'avertir, dans le délai de huit jours, le président du conseil général du département de résidence des futurs adoptants. Tous les éléments concernant l'état civil de l'enfant, ainsi que les conditions dans lesquelles le consentement à l'adoption a été donné doivent lui être notifiés.

En cas de modification de placement, l'organisme doit avertir, dans les trois jours, tous les présidents des conseils généraux concernés, ainsi que les raisons de fait ou de droit de ce changement.
Si l'enfant a été recueilli à l'étranger, le ministère des Affaires étrangères doit également être averti.

En pratique, l'OAA qui agit essentiellement à l'étranger accompagnera les parents sur place, et la prise de contact avec l'enfant débute dans le pays d'origine, les parents revenant avec leur enfant.

À noter

- *Le président du conseil général peut à tout moment consulter le dossier de candidature des futurs adoptants, qui peut également être communiqué à sa demande au procureur de la République lors du prononcé du jugement.*
- *Les organismes d'adoption agréés sont habilités à se faire délivrer des copies intégrales des actes de naissances des enfants qu'ils ont recueillis.*

➤ L'Aide sociale à l'enfance (l'ASE)

Lorsque l'ASE sert d'intermédiaire, seul un pupille de l'État peut être adopté.

◆ ***Le recueil de l'enfant***

Avant son placement en vue de l'adoption du pupille de l'État, l'Aide sociale à l'enfance qui le recueille assure un véritable suivi personnel en constituant pour lui et pour sa famille adoptive un dossier faisant état de sa croissance (en prenant également régulièrement des photos), comme le ferait une famille.

Le pupille de l'État doit faire l'objet dans les plus brefs délais d'un projet d'adoption (six mois). En tout état de cause, la situation de l'enfant est examinée tous les ans par le conseil de famille.

Ainsi, au regard de cet examen annuel, le refus de consentement à l'adoption d'un pupille de l'État par le conseil de famille ne saurait être considéré comme abusif au sens de l'article 348-5 du Code civil (qui permet au juge de prononcer l'adoption en cas de refus abusif, CA Paris, 18.11.1999, Dalloz 2000, IR p. 14).

◆ ***Le placement de l'enfant***

La candidature des parents est déposée au moment de la demande d'agrément et au cours de la procédure, l'agrément étant obligatoire pour l'adoption d'un pupille.

Le tuteur, en accord avec le conseil de famille choisit le type d'adoption adapté à l'enfant ainsi que les adoptants, après avoir entendu le mineur lorsqu'il est capable de discernement (art. 225-1, CASF).

Les pupilles de l'État peuvent être adoptés :
- soit par des personnes qui ont obtenu l'agrément ;
- soit par des personnes à qui l'Aide sociale à l'enfance en a confié la garde et avec lesquelles des liens affectifs se sont tissés (art. 225-2, CASF) ;
- soit, dans l'intérêt de ces derniers, par des personnes dont l'aptitude à les accueillir a été régulièrement constatée, dans un État étranger en cas d'accord international engageant cet État à cette fin.

Attention

Il y a beaucoup plus de candidats pour adopter un enfant que d'enfants adoptables. Cela entraîne des délais souvent très longs et beaucoup de personnes ou de demandes ne peuvent être satisfaites.

➤ L'adoption privée

Un enfant de moins de deux ans est obligatoirement remis à l'ASE ou à un OAA avant son adoption, à moins qu'il ne soit adopté par un membre de la famille jusqu'au sixième degré. Il s'agit généralement de l'adoption intrafamiliale.

Mais il est tout à fait légal d'adopter directement un enfant de moins de deux ans sans intermédiaire. Cependant, cette hypothèse reste l'un des moyens de détournement à l'adoption que les juges tentent de contrôler lors du prononcé de l'adoption.

En effet, pour contourner la règle de la remise d'un enfant de moins de deux ans à un intermédiaire, certains peuvent avoir recours à des procédés illégaux, comme le cas de la reconnaissance de complaisance d'un enfant par un homme marié (la mère biologique étant d'accord), puis demande d'adoption par l'épouse sur le fondement de l'adoption de l'enfant de son conjoint.

Ce procédé est illégal car il vise à contourner une loi. Mais il peut, en effet, cacher le cas d'une « mère porteuse » (contrat portant sur la conception d'un enfant par une femme payée par un couple à qui elle consent à l'avance à abandonner l'enfant), procédé totalement illégal depuis une jurisprudence de 1991 (C. cass., Ass. plén., 31.5.1991, JCP 1991, II, 21752, p. 92) confirmée par la loi sur la bioéthique du 29 juillet 1994 (art. 16-7).

En cas de doute, les juges n'hésitent pas à contrôler la réalité de la situation : la Cour de cassation a déclaré légal le fait d'ordonner un examen comparé des sangs d'un père et d'un enfant qu'il avait reconnu et pour qui une requête en adoption avait été déposée par son épouse. L'enfant n'avait pas de filiation maternelle établie, ce qui avait suscité le doute chez les juges, qui pouvaient supposer un accord avec la mère biologique (C. cass., 16.2.1999, Dr. famille 1999, comm. n° 51).

LE PLACEMENT DE L'ENFANT EN VUE DE SON ADOPTION

Le placement d'un enfant en vue de son adoption suppose que, quel que soit l'intermédiaire, celui-ci lui a choisi une famille qui lui correspond. Dès lors, l'enfant y sera placé. Ce placement n'emporte pour les parents adoptifs aucun effet relatif à la filiation, seul le jugement d'adoption crée ce lien juridique.

En revanche, le placement n'est pas sans effet à l'égard des parents biologiques.

➤ Les différentes situations

Le placement concrétise le choix d'une famille pour un enfant. Le placement de l'enfant est une procédure obligatoire en cas d'adoption plénière d'un pupille de l'État, d'un enfant dont l'adoption a valablement et définitivement été consenti, ou pour l'enfant déclaré abandonné judiciairement. Si l'enfant n'a pas de filiation établie, aucun placement n'est possible avant l'écoulement du délai de deux mois après le recueil de l'enfant.

Attention

La procédure de placement n'existe pas pour l'adoption simple.

À noter

Lorsqu'une mère accouche sous X, elle peut émettre ses désirs sur le choix d'une éducation pour son enfant. Ses volontés pourront ensuite influencer le choix de la famille de placement. Il suffit à la mère de transmettre ces informations à l'Aide sociale ou à l'OAA.

➤ Les effets du placement

Le placement de l'enfant en vue de son adoption fait obstacle à toute demande de restitution par les parents. Le placement fait échec à toute reconnaissance ou déclaration de filiation. Si le placement cesse ou le jugement d'adoption n'est pas prononcé, ces effets sont rétroactivement résolus (art. 351 et 352, C. civ.).

Ce principe, édicté dans l'intérêt de l'enfant, vient d'être récemment confirmé par la cour d'appel de Nancy, à propos d'un cas peu banal.

Un enfant né sous X, Benjamin, avait été placé en vue de son adoption chez un couple dans les premiers mois de sa naissance. Lorsque l'enfant était âgé de trois ans, ses parents adoptifs avaient déposé une requête en adoption devant le tribunal de grande instance de Nancy. Or, le père biologique de Benjamin, qui l'avait reconnu avant sa naissance, en demanda la garde. Dans sa décision du 16 mai 2003, le tribunal de grande instance de Nancy avait donné gain de cause à ce dernier, rejetant la requête en adoption du couple chez qui l'enfant vivait.

Mais, la cour d'appel de Nancy, en application de la loi, et dans l'intérêt de Benjamin, a retiré la garde de ce dernier à son père biologique et a accueilli favorablement la requête en adoption des parents adoptifs, au motif que la restitution d'un enfant est impossible lorsque celui-ci est déjà placé en vue de son adoption (CA Nancy, 23.2.2004).

En cas d'accouchement sous X, la restitution d'un enfant à une mère mineure sur le fondement de l'absence de consentement n'est pas possible, dès lors que la filiation n'est pas établie et que la mère, non identifiée, ne peut consentir à l'adoption. Dans une affaire où la mère était mineure au moment de l'accouchement, la cour d'appel d'Agen avait annulé le procès-verbal d'admission d'un pupille de l'État, au motif que la mère mineure à l'époque aurait dû consentir à l'adoption de son enfant, en étant représentée par un parent puisqu'elle n'avait pas la capacité juridique de le faire. La décision était fondée sur la comparaison de l'accouchement sous X à une renonciation à un droit à la maternité, au même titre que l'interruption volontaire de grossesse. L'interruption volontaire de grossesse sur une personne mineure exigeait, à l'époque, obligatoirement le consentement de l'un des deux parents. Par analogie, la cour d'appel a statué dans ce sens (CA Agen, 14.12.1995, Dr. famille 1996, comm. n° 5). L'arrêt a été cassé par la Cour de cassation : en cas d'accouchement sous X, la mère, mineure ou non, n'a pas à consentir à l'adoption. Ainsi, la minorité de la mère était sans incidence sur la validité du procès-verbal d'admission de l'enfant à l'ASE (C. cass., 1re ch. civ., 5.11.1996, Dalloz 1996, p. 587).

➤ L'exercice de l'autorité parentale

Avant son placement, l'enfant est généralement placé en pouponnière ou en famille d'accueil. À partir du placement, il est au foyer de ses futurs parents adoptifs. Jusqu'au jugement d'adoption, l'enfant reste toujours sous la même autorité parentale.

Deux cas de figure sont possibles :

1) L'enfant est remis à un OAA. Dès lors :

- soit il reste juridiquement sous l'autorité parentale de ses parents quand ils sont connus, puisqu'aucune tutelle ne se substitue à eux. Or en pratique, l'enfant n'habitant plus avec eux, mais dans une famille d'accueil en attente de son placement, les parents n'auront pas les moyens d'exercer cette autorité. C'est au titre de la « garde » de l'enfant, c'est-à-dire du droit de surveillance que l'organisme, au travers de la famille d'accueil, va prendre pour l'enfant les actes nécessaires à son éducation quotidienne. En théorie, les parents doivent consentir aux décisions importantes ;
- soit, si les parents sont inconnus, l'organisme d'adoption agréé a organisé la tutelle de l'enfant : ce dernier est sous l'autorité du tuteur (le président de l'OAA) et du conseil de famille qui, au titre de la tutelle, exercent les droits issus de l'autorité parentale.

2) L'enfant est pupille de l'État. C'est l'ASE qui prend en charge le pupille (art. 225-5, 3°, CASF) qui est sous l'autorité parentale du tuteur (le préfet) et du conseil de famille.

À noter

Dès que l'adoption est prononcée, l'autorité parentale est transférée aux parents adoptifs.

Attention

Lors d'une adoption plénière, l'article 345 du Code civil ne permet l'adoption d'un enfant de moins de quinze ans que s'il a été accueilli au foyer des adoptants depuis au moins six mois. Cette condition d'accueil de l'enfant se distingue de la condition de placement. Légalement, ces deux délais sont distincts, mais en pratique, ils se confondent.

LA PHASE JUDICIAIRE : LE JUGEMENT D'ADOPTION

La phase judiciaire de la procédure correspond au prononcé de l'adoption qui nécessite une décision du juge civil.

QUEL EST LE TRIBUNAL COMPÉTENT ?

Le tribunal compétent pour prononcer l'adoption est le tribunal de grande instance (TGI) du lieu où réside l'adoptant, ou si l'adoptant réside à l'étranger, du lieu où réside l'adopté. Si tous deux résident à l'étranger, le tribunal compétent est librement choisi par l'adoptant (art. 353, C. civ. et art. 1166, NCPC).

Le seul critère du domicile justifie sa compétence, même si l'adoptant est de nationalité étrangère ou l'enfant adopté à l'étranger.

COMMENT FORMER UNE REQUÊTE EN ADOPTION ?

La procédure d'adoption est gracieuse (le tribunal n'intervient pas pour résoudre un contentieux mais pour contrôler la régularité de la demande d'adoption). Ainsi, seuls les requérants sont parties à la procédure.

La requête doit en principe être déposée par un avocat au secrétariat-greffe du tribunal (art. 797, NCPC).

Cependant, si l'enfant a été accueilli avant l'âge de quinze ans, la loi énonce que l'adoptant peut lui-même présenter la requête, sans être représenté par un avocat (art. 1168, NCPC). Dans ce cas, la requête est adressée au procureur de la République, qui doit la transmettre au tribunal. Ce dernier n'émet aucun avis. Pour les pupilles de l'État, la requête peut être transmise par l'intermédiaire du Bureau des adoptions.

Pour que l'adoption soit prononcée, une requête en adoption doit être présentée devant le TGI territorialement compétent, dans un délai de six mois au minimum après l'accueil de l'enfant au foyer de l'adoptant.

Dans cette requête, l'adoptant doit préciser le type d'adoption choisi.

Certaines pièces doivent obligatoirement figurer, selon le cas, soit :

- l'expédition du consentement des personnes qui ont consenti à l'adoption (copie de l'acte authentique de consentement délivrée par le détenteur officiel de l'original) ;
- l'expédition du jugement déclaratif d'abandon de l'enfant adopté (copie de la décision du tribunal délivrée par le greffier en chef).

LES DIFFICULTÉS PARTICULIÈRES

En cas de décès de l'adoptant

Lorsque l'adoptant décède en cours de procédure, la requête en adoption peut être présentée en son nom par le conjoint survivant ou l'un de ses héritiers, à la condition que l'enfant ait déjà été régulièrement recueilli en vue de son adoption (art. 353 al. 2, C. civ.).

➤ En cas de décès de l'adopté

Lorsque l'adopté décède, après avoir été recueilli régulièrement par l'adoptant en vue de son adoption, la requête en adoption peut être présentée, mais le jugement d'adoption ne produira effet que le jour précédant le décès et n'aura qu'un effet sur l'état civil de l'adopté (art. 353 al. 3, C. civ.).

L'INSTRUCTION DE LA DEMANDE

Lorsque le tribunal est saisi, l'adoption est prononcée dans un délai de six mois à compter de cette date. L'affaire est instruite et débattue en chambre du conseil, c'est-à-dire sans aucune publicité.

Avant de prononcer l'adoption, le tribunal vérifie que les conditions légales relatives à l'adoption sont bien remplies (art. 1170, NCPC), en désignant le cas échéant un complément d'enquête (qui peut être une enquête sociale ou une enquête de police) ou un examen médical, ou en procédant à l'audition de certaines personnes que l'adoption peut atteindre (membres de la famille biologique par exemple). Ainsi, un examen comparé des sangs d'un père et de son fils naturel a pu être ordonné légalement afin d'écarter tout risque de fraude à la loi (pour la suspicion de mère porteuse), la requête en adoption étant déposée par l'épouse du père de l'enfant qui n'avait aucune filiation maternelle (C. cass., 16.2.1999, Dr. famille 1999, comm. n° 51).

Le tribunal vérifie également si cette adoption est conforme à l'intérêt de l'enfant (art. 353, C. civ.).

En outre, il vérifie que le ou les requérants ont obtenu l'agrément pour adopter ou alors qu'ils en sont dispensés (art. 353, C. civ.).

L'appréciation par la jurisprudence de l'intérêt pour un enfant à être adopté, dès lors que les conditions légales sont remplies, se rapporte à des aspects psychologiques ou à des aspects matériel ou patrimonial (CA Paris, 8.1.1981, Gaz. Pal. 1981, II, p. 572).

Par exemple, l'adoption par un membre de la famille peut troubler l'enfant dans ses repères généalogiques et biologiques (CA Paris, 26.3.1996, Dalloz 1997, somm. p. 278).

La personnalité des parents adoptifs peut également être un motif de rejet, lorsqu'elle risque de nuire à l'épanouissement de l'enfant. Ainsi l'adoption plénière d'une fillette de onze ans par un couple (qui l'avait adoptée simplement dans un premier temps) a été refusée au motif que la mère a été condamnée pour proxénétisme aggravé et abus de confiance dans des conditions qui laissaient apparaître sa cupidité et son ascendant sur des personnes psychologiquement faibles (CA Pau, 7.6.1999, JCP IV, n° 3111).

Pour trouver le thème qui vous intéresse, consultez la table des matières en début de volume ou l'index alphabétique en fin de volume.

Mais l'aspect affectif et la réussite de l'adoption, pour l'épanouissement de l'enfant, sont autant d'éléments d'appréciation qui peuvent parfois être supérieurs à d'autres aspects (âge des parents ou situation matrimoniale de l'adoptant, toujours dans la limite légale requise). Ainsi les juges ont pu décider que le fait pour un enfant qui porte un patronyme normal de devoir porter un nom de famille ridicule (en l'espèce : « Trognon ») était un faible inconvénient hors de proportion avec l'épanouissement qu'il retirerait de son entrée dans ce foyer (CA Paris, 22.9.1972, Dalloz 1974, p. 199).

Le tribunal vérifie également, en présence d'enfants, que l'adoption n'est pas de nature à compromettre la vie familiale (art. 353 al. 2, C. civ.). Par exemple, la présence d'enfants issus d'un premier mariage qui ne vivent pas au foyer de l'adoptant (qui désirait adopter simplement l'enfant de sa conjointe) et qui entretiennent avec lui des relations épisodiques ne compromettant pas la vie familiale, d'autant qu'il est toujours possible de consulter les enfants de l'adoptant sur le projet d'adoption (CA Aix-en Provence, 5.12.1995, Dr. famille 1996, comm. n° 6).

Enfin, le tribunal vérifie également que la requête est réellement fondée sur la volonté de créer un lien de filiation, et qu'elle n'est pas en réalité motivée par un but étranger, ce qui constituerait un détournement à l'adoption. Cependant, l'adoption crée parfois des effets divers, qui ne doivent pas empêcher l'adoption pour cette seule raison, si des liens de filiation réels la justifient (comme c'est le cas pour l'acquisition de la nationalité en cas d'adoption simple d'une étudiante étrangère par une Française afin d'éviter son expulsion, alors que la preuve de la relation maternelle étaient rapportée) (C. cass., 14.5.1996, Dr. famille, comm. n° 6).

➤ Le jugement d'adoption

L'audience a lieu en chambre du conseil, sans aucune publicité des débats, obligatoirement après avis du ministère public.
Le tribunal doit statuer dans le délai de six mois à compter de sa saisine (art. 353, C. civ.)

Le tribunal dispose d'une appréciation large, il peut :
- prononcer l'adoption conformément à la requête ;
- rejeter la requête et refuser de prononcer l'adoption ;
- prononcer une adoption simple à la place d'une adoption plénière, même quand cette dernière est demandée dans la requête, mais avec l'accord de l'adoptant.

Le jugement d'adoption n'a pas à être motivé (art. 353 al. 5, C. civ.), le rejet de la requête l'est. Il est rendu en audience publique.

À noter

Le tribunal statue en même temps sur la demande de changement de prénoms de l'adopté le cas échéant et, en cas d'adoption simple, sur le nom de celui-ci.

➤ La transcription du jugement d'adoption sur les registres de l'état civil

Le jugement d'adoption doit faire l'objet d'une transcription sur les registres de l'état civil. Cette transcription s'effectue dans le délai d'épuisement des voies de recours (quinze jours pour l'appel, deux mois pour le pourvoi en cassation) à la requête du procureur de la République sur les registres d'état civil du lieu de naissance de l'adopté.

Cette transcription tient lieu d'acte de naissance à l'adopté (art. 354, C. civ.) (Pour l'acte de naissance d'un enfant né à l'étranger, voir la partie : *L'adoption internationale*).

L'acte de naissance d'origine de l'enfant est revêtu de la mention « adoption » et devient nul et secret, sans jamais pouvoir être révélé à quiconque. Seul le nouvel acte d'état civil intégral revêt le jugement d'adoption.

À noter

En cas d'adoption par l'intermédiaire d'un organisme d'adoption agréé, ce dernier avertit le président du conseil général du prononcé du jugement d'adoption, ou de la transcription d'un jugement d'adoption prononcé à l'étranger sur les registres de l'état civil (art. 29, décr. 18.4.2002).

➤ Les voies de recours

◆ *L'appel*

L'appel de la décision du tribunal peut être interjeté par les requérants en cas de rejet de la requête, mais aussi par toute personne qui y a un intérêt en cause, soit parce qu'elles sont parties à l'instance : les parents de l'enfant lorsqu'il y a un refus abusif d'adoption (C. cass., 1re ch. civ., 5.1.1999, Dr. famille 1999, comm. n° 38), le ministère public qui a rendu un avis contraire (art. 1176, C. civ.), ou les descendants de l'adopté, soit parce que le jugement leur a été notifié (les grands-parents ou les membres de la famille par le sang de l'adopté, mais aussi le préfet en qualité de tuteur).

Attention

L'appel est fermé aux parents qui ont consenti à l'adoption (ils ne sont pas parties à l'instance).

Toute décision de rejet ou d'adoption peut faire l'objet d'un appel, dans un délai de quinze jours à compter de la notification de la décision du tribunal de grande instance.

L'appel est formé par un avocat ou un avoué, dont l'assistance est alors obligatoire.

La décision de la cour d'appel est rendue en audience publique, après que l'affaire soit débattue en chambre du conseil. Les juges d'appel examinent

une seconde fois les conditions relatives à l'adoption et l'intérêt de l'enfant à être adopté, comme l'ont fait les premiers juges. Les juges d'appel réexaminent l'affaire et rendent un arrêt.
Cet arrêt confirme ou infirme la décision du tribunal de grande instance. Mais cette décision ne pourra être contestée devant la Cour de cassation que s'il existe un problème de légalité, c'est-à-dire un problème d'interprétation de la manière dont les juges (de première instance et d'appel) ont appliqué la règle de droit.

- ***La tierce opposition***

La tierce opposition est ouverte seulement en cas de fraude ou de dol (art. 353-2, C. civ.) aux personnes qui n'ont été ni représentées ni parties à l'instance et qui justifient d'un intérêt à agir (art. 583, NCPC).

Exemple

Il a été jugé que des grands-parents d'un pupille de l'État n'ont plus de lien légal avec lui, donc n'ont pas la qualité pour agir (CA Dijon, 19.5.1998, Dalloz 2000, p. 174).

- ***Le pourvoi en cassation***

Un pourvoi en cassation peut être exercé contre la décision rendue par la cour d'appel, dans un délai de deux mois suivant la notification de ladite décision.

Le pourvoi en cassation est obligatoirement formé par un avocat au Conseil d'État ou à la Cour de cassation, par déclaration au secrétariat-greffe de la Cour de cassation.

L'exercice d'un pourvoi n'a pas pour effet de suspendre la décision de la cour d'appel applicable jusqu'au moment où la Cour de cassation rend son arrêt modifiant, le cas échéant, la situation.

Attention

La Cour de cassation statue en droit et non en fait : pour exercer un pourvoi en cassation, la décision contestée doit poser un problème de légalité et non d'appréciation de fait (comme l'intérêt de l'enfant à être adopté par exemple). Les magistrats de la Cour de cassation ne peuvent pas juger une troisième fois l'opportunité des faits qui leur sont soumis (il n'existe en France qu'un double degré de juridiction), mais seulement si la loi a bien été appliquée au cas litigieux.

L'ADOPTION INTERNATIONALE

Une adoption est internationale lorsqu'elle implique le déplacement d'un enfant d'un État à un autre, que l'adoption soit prononcée dans l'État d'origine ou dans l'État d'accueil (art. 2-1 de la Convention internationale de La Haye).

Le caractère international de l'adoption met en concurrence plusieurs législations, souvent différentes quant à leur manière d'appréhender cette institution et sa mise en œuvre, créant ainsi des conflits de lois qui se répercutent sur la nature de l'adoption et ses effets en France. Prononcée dans un pays qui la prohibe, l'adoption plénière ne produit pas en France les effets de ce type d'adoption. Lorsque le pays ne connaît pas l'adoption plénière (il ne la prohibe pas, mais sa législation ne le prévoit pas), ce sont les conditions dans lesquelles le consentement est requis qui détermine la validité en France d'une telle adoption.

C'est pourquoi l'adoption internationale nécessite des garanties spécifiques particulièrement attachées à la protection de l'enfant adopté et à celle de ses parents adoptifs, ainsi qu'au caractère international de la procédure. Toute procédure d'adoption internationale est soumise au respect de ces règles, répondant ainsi à un formalisme particulier.

Pour trouver le thème qui vous intéresse, consultez la table des matières en début de volume ou l'index alphabétique en fin de volume.

Actualité

Orientations de la réforme de l'adoption internationale

Le Gouvernement a présenté un projet de réforme de l'adoption internationale, qui devrait être opérationnel en 2005. Les grands axes sont :

• L'harmonisation et l'amélioration des procédures, afin de mieux préparer et aider les candidats à l'adoption.
Une concertation va s'engager avec l'Assemblée des départements de France (ADF) afin de parvenir à un document-type d'agrément. De plus, les services départementaux développeront des journées d'information à destination des parents en attente d'adoption, en particulier sur les questions de santé des enfants adoptables.

• La refonte du dispositif d'adoption internationale pour une meilleure lisibilité, afin de faciliter les démarches des familles et l'amélioration des conditions de la mise en relation de la famille et de l'enfant.
L'État apportera un soutien financier afin de renforcer la capacité d'intervention des *organismes autorisés pour l'adoption (OAA).*
Une *agence française de l'adoption* sera également créée, aux côtés des OAA. Elle aura des fonctions d'opérateur et sa mission consistera à accompagner les familles d'adoption dans leurs démarches. L'agence reprendra à sa charge toutes les compétences de gestion de l'actuelle mission de l'adoption internationale (MAI) avec les personnels correspondants et sera le partenaire des OAA.
De son côté, l'*Autorité centrale pour l'adoption internationale* sera renforcée et dotée d'un secrétariat général qui reprendra les attributions « étatiques » de l'actuelle MAI : ses compétences seront réorientées sur les fonctions interministérielles de régulation, de coordination, d'impulsion et de coopération institutionnelle interétatique.
Enfin, avec le transfert des missions consultatives de l'Autorité centrale au *Conseil supérieur de l'adoption*, cette instance pourra assumer intégralement ses compétences sur les questions d'adoption nationale et internationale.

• L'amélioration de l'implication du réseau consulaire et le développement des actions de coopération en matière de protection de l'enfance.

• L'amélioration de la prise en charge, du suivi et de la santé des enfants adoptés.

Source : www.famille.gouv.fr, juin 2004.

RÈGLES SPÉCIFIQUES APPLICABLES À L'ADOPTION INTERNATIONALE

La forte augmentation des demandes d'adoption depuis les années 1980 et l'insuffisance d'enfants adoptables sur le plan national a engendré une recrudescence considérable de l'adoption internationale. Parallèlement, les pays pauvres et à forte natalité ne pouvant qu'y répondre favorablement, il a fallu alors rapidement trouver une solution pour éviter dans la mesure du possible les dérives illégales qui en découlaient inévitablement : trafics, vols et ventes d'enfants.

C'est pourquoi une entente internationale garantissant les intérêts de tous a vu le jour grâce à l'élaboration de la Convention internationale de La Haye sur la protection des enfants et la coopération en matière d'adoption le 29 mai 1993.
Cette convention a été signée par la France le 5 avril 1995. Entrée en vigueur depuis le 1er octobre 1998 (*JO*, 13.10.1998, p. 13997), elle joue un rôle primordial dans l'adoption internationale.

En pratique

Les pays signataires de la Convention de La Haye

En octobre 2004, 49 pays avaient signé la Convention de La Haye :
Albanie, Allemagne, Australie, Autriche, Bélarus, Belgique, Bolivie, Brésil, Bulgarie, Burkina Faso, Canada, Chili, Chine, Chypre, Colombie, Costa Rica, Danemark, Équateur, Espagne, États-Unis d'Amérique, Fédération de Russie, Finlande, France, Inde, Irlande, Israël, Italie, Lettonie, Luxembourg, Mexique, Norvège, Panama, Pays-Bas, Pérou, Philippines, Pologne, Portugal, République tchèque, Roumanie, Royaume-Uni, Salvador, Slovaquie, Slovénie, Sri Lanka, Suède, Suisse, Turquie, Uruguay, Venezuela.

Les pays ayant ratifié la Convention de La Haye

En octobre 2004, 46 pays avaient ratifié la Convention de La Haye :
Albanie, Allemagne, Australie, Autriche, Biélorussie, Bolivie, Brésil, Bulgarie, Burkina Faso, Canada, Chili, Chypre, Colombie, Costa Rica, Danemark, Équateur, Espagne, Finlande, France, Inde, Israël, Italie, Lettonie, Luxembourg, Madagascar, Mexique, Norvège, Panama, Pays-Bas, Pérou, Philippines, Pologne, Portugal, République tchèque, Roumanie, Royaume-Uni, Salvador, Slovaquie, Slovénie, Sri Lanka, Suède, Suisse, Thaïlande, Turquie, Uruguay, Venezuela.

Les pays ayant adhéré à la Convention de La Haye

En octobre 2004, 15 pays avaient adhéré à la Convention de La Haye :
Afrique du Sud, Andorre, Burundi, Estonie, Géorgie, Guatemala, Guinée, Islande, Lituanie, Île Maurice, Moldavie, Monaco, Mongolie, Nouvelle-Zélande, Paraguay.

À noter : Le Vietnam, qui était l'un des pays où les Français adoptaient beaucoup d'enfants n'a pas ratifié la Convention de La Haye, mais une convention franco-vietnamienne a été signée.

L'intérêt de cette convention repose sur l'établissement d'une coopération entre chaque État membre en mettant à leur charge certaines obligations qui visent à garantir et faciliter l'adoption internationale, grâce à la désignation obligatoire, dans chaque État membre, d'une Autorité centrale (art. 6 de la convention). En outre, le rôle de la Mission de l'adoption internationale (MAI) permet de centraliser les procédures d'adoptions internationales dont en dépend le déroulement.

En matière d'adoption internationale, le rôle des instances étatiques est important dans la mesure où elles exercent un contrôle sur la procédure, contrôle inhérent au caractère international de l'adoption (lutte contre le trafic d'enfant, contrôle de visa, etc.), et qui s'ajoute à l'ensemble des procédures administratives et judiciaires d'adoption. Le caractère international de la procédure justifie également que certaines précautions soient prises lors du prononcé de l'adoption : celui-ci ne peut se faire au mépris du respect de la loi étrangère : il s'agit du respect de la règle de conflit de loi.

LE RÔLE DES INSTANCES EN MATIÈRE D'ADOPTION INTERNATIONALE

L'Autorité centrale

En France, l'Autorité centrale est créée depuis la loi n° 96-604 du 5 juillet 1996 (art. 56, *JO,* 6.07.1996, p. 10208). Rattachée au Premier ministre, cette Autorité centrale est composée, outre son président nommé par décret, de deux représentants des ministères de la Justice et des Affaires étrangères, ainsi que du ministre chargé de la Famille (de l'Emploi et de la Solidarité), deux représentants des conseils généraux (désignés par l'assemblée des conseils généraux) et des représentants d'OAA (organisme d'adoption agréé) et d'associations de familles adoptives (art. 5, L. n° 2001-111, 6.2.2001).

L'Autorité centrale est créée en application de la convention internationale de La Haye : chaque pays membre a obligation de créer une Autorité centrale. Les autorités centrales sont donc créées, d'une part pour veiller au respect de la convention internationale dans le pays qu'elle représente, et d'autre part pour établir des relations diplomatiques avec les autres autorités des pays signataires, afin de faciliter et de contrôler les procédures d'adoption.

Cette Autorité centrale a en charge plusieurs missions, énoncées dans le décret n° 98-863 du 23 septembre 1998, (*JO,* 26.9.1998, p. 14700). Elle doit veiller au respect des grands principes énoncés dans la convention (art. 4 et s.) :

- l'enfant doit être adoptable ;
- l'adoption internationale doit répondre à l'intérêt supérieur de l'enfant et ne doit intervenir qu'à titre subsidiaire, sans qu'aucune autre solution de placement ne puisse être envisagée dans son pays d'origine ;
- le consentement doit être librement exprimé par écrit, en pleine connais-

sance de ses conséquences sur la rupture des liens d'origine, et requis dans les formes légales, sans contrepartie d'aucune sorte ni paiement ;
- les parents adoptifs doivent être aptes à adopter.

L'Autorité centrale a, en France, une fonction distincte de celle de la Mission de l'adoption internationale (MAI), organisme rattaché au ministère des Affaires étrangères qui a un rôle d'interlocuteur avec les adoptants, dans le cadre de toutes les procédures d'adoption (que le pays ait adhéré ou non à la convention de La Haye). Lorsque le pays a adhéré à la convention de la Haye, la MAI gère le dossier d'adoption conformément à cette convention.

L'Autorité centrale doit dans le cadre de l'application de la convention de La Haye orienter et coordonner l'action des administrations et des autorités compétentes en matière d'adoption, et travailler sur la politique de coopération internationale en matière d'adoption. Elle rend chaque année un rapport au Premier ministre sur ses réflexions et propositions. Dans ce cadre, cet organisme peut être amené à traiter l'ensemble des questions relatives à l'adoption internationale en dehors de l'application de la convention de La Haye.

Ainsi, l'Autorité centrale a des missions et des travaux de réflexion qui se différencient de la prise en charge effective des dossiers et de la procédure d'adoption internationale qui incombe à la MAI.

➤ La Mission de l'adoption internationale (MAI)

La Mission de l'adoption internationale est un organisme rattaché au ministère des Affaires étrangères. Elle est composée de fonctionnaires ou d'agents publics du ministère des Affaires étrangères, de la Justice et du ministère chargé de la Famille.
La MAI diligente toutes les procédures d'adoption internationale, que le pays d'origine de l'adopté soit membre ou non de la convention.

À ce titre, elle a pour missions principales :
- l'habilitation et le contrôle des OAA ;
- la délivrance des visas « longs séjours », grâce aux relations qu'elle entretient avec les pays d'origine, et qui vont permettre à l'enfant adopté de sortir du territoire en vue de son adoption ;
- le suivi des dossiers d'adoption ;
- la centralisation d'informations sur les différentes législations nationales, disponibles dans un guide de l'adoption internationale (*Le Bon chemin vers l'enfant*).

Toute procédure d'adoption internationale nécessite l'intervention de la MAI. Cette intervention sera plus ou moins importante selon que le pays d'adoption a ratifié la convention de La Haye.

DÉTERMINATION DE LA LOI APPLICABLE (RÉSOLUTION DES CONFLITS DE LOI)

Lors d'une adoption internationale, plusieurs lois concurrentes ont vocation à s'appliquer. La loi nationale de l'adopté, la loi nationale des adoptants, et éventuellement la loi du pays dans lequel résident les adoptants s'ils sont ressortissants étrangers.

En présence de trois lois, qui sont souvent différentes dans leur manière d'appréhender les conditions relatives à l'adoption, laquelle va s'appliquer ? Il est évident qu'une adoption ne peut être prononcée au regard de la loi française au mépris de la loi étrangère : l'enfant se retrouverait dans une situation « bancale ». Il ne peut pas être adopté plénièrement au nom de la loi française et avoir une filiation toujours établie à l'égard de ses parents biologiques dans son pays d'origine.

Ainsi, l'application de plusieurs lois soulève en droit international un problème de « conflit de lois ».

Dans un premier temps, et pendant longtemps, c'est la jurisprudence qui a pallié à l'absence de législation dans ce domaine en élaborant successivement des règles applicables en cas de conflit de lois. Face à l'augmentation des adoptions internationales et au peu de cohérence de la jurisprudence, la circulaire Guigou relative à l'adoption internationale du 16 février 1999 (*JO*, 18.2.1999) est intervenue pour clarifier l'ensemble des principes qui en découlaient.

Désormais, les principes en vigueur sont contenus dans le Code civil, depuis l'entrée en vigueur de la loi du 6 février 2001 (L. n° 2001-111, 6.2.2001, *JO*, 8.2.2001, p. 2136).

Ces grands principes sont au nombre de trois.

➤ Application de la loi qui régit les conditions de l'adoption

La loi qui régit les conditions de l'adoption internationale est la loi nationale de l'adoptant. Si l'adoptant est marié, c'est la loi qui régit les effets du mariage, c'est-à-dire la loi nationale commune des époux s'ils ont la même nationalité, ou la loi du lieu de leur résidence s'ils sont de nationalités différentes (art. 370-3, C. civ).

Pour l'adoption par des Français, c'est la loi française. Ainsi, toute personne qui désire adopter devra répondre aux conditions de la loi française.

Attention

Il s'agit d'une appréciation faite par les juges français, qui au moment de se prononcer sur l'adoption, apprécieront les conditions au regard de leur loi. Le respect de la loi française est obligatoire, mais parfois insuffisant. Lorsque l'adoption est prononcée à l'étranger, rien ne s'oppose à ce que le pays d'origine refuse l'adoption d'un enfant à des candidats qui ne rentrent pas dans leurs critères.

Application de la loi relative au consentement à l'adoption

Le consentement donné en vue de l'adoption est obligatoire, quelle que soit la loi applicable. Il doit être obtenu de manière libre et sans contrepartie, après la naissance de l'enfant et éclairé sur les conséquences de l'adoption, notamment, en cas d'adoption plénière, sur le caractère complet et irrévocable de la rupture du lien de filiation existant (art. 370-3, C. civ.).

Ce consentement s'apprécie au regard de la loi locale et de tous les éléments qui peuvent prouver qu'il a été donné en connaissance de cause. Les juges français, lorsque l'adoption est prononcée par eux doivent s'assurer que ce consentement a bien été donné conformément à l'adoption demandée par les candidats.

Dès lors que le consentement requis a été donné par le représentant légal, de façon éclairée quant à la forme de l'adoption et au caractère complet et irrévocable de la rupture du lien de filiation qui en découle, l'adoption plénière régulièrement prononcée à l'étranger est valable et produit tous ses effets en France, et ce même si la loi nationale de l'adopté ne prévoit pas ce type d'adoption : telle a été la position de la cour d'appel d'Amiens à propos de l'adoption d'un enfant bulgare (CA Amiens, Ch. de la famille, 9.5.2001, Juris-data n° 2001-174343).

Application de la loi qui régit l'effet en France de l'adoption internationale

Deux cas de figure doivent être envisagés :

- ***Lorsque l'adoption est prononcée en France***

La loi française régit les effets d'une adoption prononcée en France (art. 370-4, C. civ.). Si l'adoption entraîne la rupture des liens du sang, les effets de l'adoption plénière tels que la loi française les a établis s'appliquent. Il en est de même pour l'adoption simple.

- ***Lorsque l'adoption est prononcée à l'étranger***

La décision d'adoption prononcée à l'étranger produit en France les effets d'une adoption plénière seulement si elle a été régulièrement prononcée et si elle entraîne la rupture complète et irrévocable des liens d'origine (au regard de la loi locale).
À défaut, l'adoption produira l'effet d'une adoption simple. Elle pourra, cependant, être convertie en adoption plénière si les consentements requis ont été donnés expressément en connaissance de cause (art. 370-5, C. civ.) c'est-à-dire si le prononcé de l'adoption n'entraîne pas la rupture des liens, mais si la preuve que le consentement a été donné en vue de la rupture des liens peut être rapportée.

Pour trouver le thème qui vous intéresse, consultez la table des matières en début de volume ou l'index alphabétique en fin de volume.

CAS PARTICULIER : L'ADOPTION D'UN ENFANT DONT LE PAYS PROHIBE CETTE INSTITUTION

L'adoption ne peut être prononcée en France si la loi nationale de l'enfant ou de l'un des deux époux prohibe l'adoption, sauf si ce mineur est né et réside habituellement en France (art. 370-3, C. civ.). À compter de l'entrée en vigueur de la loi, toute demande nouvelle de procédure d'adoption concernant ces cas de figure ne saurait aboutir. Cette disposition ne concerne pas les majeurs.

Attention

Dès lors que la loi nationale de l'enfant prohibe l'adoption, aucune législation ne réglemente cette institution et par conséquent, le recueil du consentement obligatoirement requis pour une adoption est impossible et ne saurait être légal. Le consentement à l'adoption doit, en effet, être donné conformément à la loi nationale de l'enfant.

Dans certains pays, la Kafala de droit islamique dont pourraient se prétendre certains candidats n'est qu'un mode de placement qui ne repose pas sur la création d'un lien de filiation et ne saurait correspondre à un quelconque consentement à l'adoption.

En effet, comme l'a jugé la cour d'appel de Paris pour rejeter l'adoption plénière d'un enfant algérien, la Kafala est « *l'engagement de prendre bénévolement en charge l'entretien, l'éducation, et la protection d'un enfant mineur, au même titre que le ferait un père pour son fils. Les effets de la Kafala sont ceux de la tutelle légale, et ne créent aucun lien de filiation* » (CA Paris, 27.4.2000, Dalloz 2000, IR. p. 155). La jurisprudence n'a jamais été unanime sur ce point. La Cour de cassation a sans cesse opéré des changements de position en la matière. C'est ainsi qu'elle a tantôt reconnu l'adoption d'un enfant dont le pays prohibait cette institution, en justifiant sa position sur le consentement du représentant légal, donné en connaissance de cause, et en dépit de la loi de l'adopté (C. cass., 1re ch. civ., 10.5.1995, Dalloz 1995, jurisprudence p. 544), tantôt elle a refusé une telle adoption au motif qu'elle n'existait pas dans le pays d'origine (C. cass., 1re ch. civ., 1.7.1997, Dr. famille 1997, comm. n° 119). Peu de temps après, elle a de nouveau accepté l'adoption d'un enfant musulman (C. cass., 1re ch. civ., 16.12.1997, Dr. famille 1998, comm. n° 61). Un arrêt de la cour d'appel d'Aix-en-Provence l'a également admis pour l'adoption d'un enfant algérien (CA Aix-en-Provence, 25.3.1999, Dalloz 2000, comm. p. 45). Depuis la loi n° 2001-111 du 6 février 2001, une telle adoption serait impossible.

Ce principe a été confirmé par la Cour de cassation qui a refusé l'adoption d'un enfant algérien recueilli dans le cadre d'une Kafala par un couple de nationalité française. En dépit du consentement à l'adoption donné par le père, la loi nationale de l'adopté né en Algérie prohibant cette forme d'adoption, le consentement n'est pas valable en France (C. cass., 1re ch. civ., 22.10.2002, JCP 2003, chron. p. 47, Y. Favier).

Si un récent arrêt de la cour d'appel de Douai a pu confirmer le jugement d'adoption plénière d'un enfant rwandais, recueilli suite à l'évacuation de son orphelinat lors d'un massacre sept ans auparavant, et cela alors que la loi rwandaise prohibe ce type d'adoption, c'est en se fondant sur le fait que cet enfant, né au Rwanda de filiation inconnue, avait été déclaré pupille de l'État en France, et que le conseil de famille avait valablement consenti à son adoption, conformément à la loi française (CA Douai, 12.2.2001, Dalloz 2002, jurisprudence p. 1876).

En pratique

Les pays ne connaissant pas l'adoption

Les pays qui prohibent l'adoption sont pour la plupart des pays de droit musulman : l'Afghanistan, l'Algérie, l'Arabie Saoudite, le Bahrein, le Bangladesh, le Brunei, les Comores, l'Égypte, les Émirats arabes unis, l'Irak, l'Iran, la Jordanie, le Koweit, la Libye, la Malaisie (pour les musulmans), le Maroc, la Mauritanie, le Pakistan, le Quatar, le Soudan, la Syrie, le Yémen.

LA DÉMARCHE PROCÉDURALE D'UNE ADOPTION INTERNATIONALE

Avant toute démarche d'adoption internationale, chaque candidat doit obligatoirement avoir obtenu l'agrément administratif (depuis la loi n° 96-604 du 5.7.1996, art. L. 225-15, CASF). Pour adopter un enfant étranger, deux voies sont possibles :

- avoir recours à un organisme d'adoption agréé (OAA) qui servira d'intermédiaire et prendra en charge le dossier ;
- adopter directement auprès des instances compétentes dans le pays d'origine de l'enfant et constituer un dossier sans intermédiaire.

Quel que soit le moyen choisi, la procédure à suivre dépend également du choix du pays d'origine, selon qu'il a ratifié ou non la convention de La Haye. La procédure d'adoption dépend ainsi de quatre critères.

Le choix d'un intermédiaire dépend de la volonté de chacun. Il faut savoir qu'un OAA n'opère qu'avec certains pays et établit ses propres critères (d'âge ou de situation familiale), en plus de l'octroi de l'agrément. Mais quand il est possible d'adopter par l'intermédiaire d'un OAA, celui-ci offre l'immense avantage de gérer le dossier en France et de s'occuper des parents et de l'enfant sur place, à l'étranger. Enfin, il apporte soutien, conseils et garanties tout au long de la procédure.

Attention

Chaque pays impose ses conditions législatives relatives aux adoptants, lesquelles s'ajoutent à celles requises en France.

Selon le choix de l'âge de l'enfant et la situation des adoptants, il est parfois plus facile d'adopter dans certains pays que d'autres. C'est pourquoi, au regard de ces considérations, une candidature pourra être refusée par un OAA s'il estime qu'elle ne sera pas satisfaite.

Il est essentiel de se renseigner sur le pays choisi et de savoir que l'envoi d'un dossier à l'étranger ne garantit pas une adoption. Avant toute adoption, il est important de connaître les informations nécessaires. Pour cela, il est possible de se renseigner directement auprès de la MAI, qui fournit avec détails des fiches par pays.

Il faut avant tout savoir :
- si le pays a ratifié de la convention de La Haye ;
- si des OAA sont habilités, dans votre département, à adopter dans ce pays ;
- quelle est la législation nationale sur l'adoption : l'adoption plénière est-elle possible ?, les critères du pays correspondent-ils à votre candidature (nombre d'enfants adoptables, délais, procédure, coût, etc.) ?

Pour savoir si le pays choisi a ratifié la convention de La Haye ou pour connaître la liste de ces pays afin d'exercer son choix, il faut se renseigner auprès de la MAI. Cette dernière met à la disposition des adoptants un guide intitulé « *Le Bon chemin vers l'enfant* ».

L'ADOPTION DIRECTE INDIVIDUELLE

Lorsque les adoptants optent pour une adoption internationale directe, ils constituent seuls leur dossier et doivent respecter la procédure de la MAI, qui gère et centralise les procédures d'adoption. Cette procédure dépend du pays.

➤ L'adoption d'un enfant dont le pays d'origine n'a pas ratifié la Convention de La Haye

Lorsque l'agrément est obtenu et le pays choisi, il faut impérativement se procurer auprès de la MAI le détail de la procédure locale de chaque pays (en se procurant le guide, par courrier, Minitel ou Internet).

◆ *En France : la constitution du dossier*

Lorsque le pays est choisi, il faut faire les démarches suivantes :

Auprès des autorités étrangères

Les candidats à l'adoption doivent constituer leur dossier en respectant la procédure locale et fournir les pièces suivantes :
- les pièces d'état civil (actes de naissance, de mariage, livret de famille, ou jugement de divorce le cas échéant) ;

- les enquêtes sociales et psychologiques délivrées par l'Aide sociale à l'enfance ;
- l'agrément délivré par le président du conseil général ;
- les documents justificatifs des revenus des adoptants ainsi que de leur situation financière (bulletins de salaire, avis d'imposition, titre de propriété...) ;
- un extrait de casier judiciaire.

Ensuite, l'ensemble des documents doit être traduit dans la langue du pays, ce qui entraîne certains frais. La liste des traducteurs habilités à effectuer une traduction vous sera fournie par le greffe du tribunal de grande instance. Il se peut également que la traduction soit assurée directement par les services de l'ambassade dans le pays duquel vous envisagez d'adopter. Cette traduction vous sera facturée.

Certains pays exigent que les pièces à fournir soient légalisées, ou revêtues de l'apostille. Certains exigent les deux.

La légalisation constitue pour le pays d'origine la garantie de la conformité à la réglementation française des pièces et documents demandés.

Chaque candidat doit faire légaliser, le cas échéant, son dossier par le ministère des Affaires étrangères, auprès du Bureau des légalisations. La légalisation par le ministère en France intervient avant celle effectuée par le consulat étranger en France.
Pour procéder à la légalisation, les candidats doivent faire parvenir au ministère leur dossier après avoir procédé à la vérification, auprès des instances compétentes dont émanent les documents (mairies, notaires, greffes des tribunaux, organismes privés ou publics...), de leur authenticité ainsi que celle des signatures apposées, et suivant la nature de ces documents (actes sous seing privé ou actes publics, photocopies ou originaux), et tout en respectant une procédure très précise, dont la liste exhaustive est fournie par la MAI.
La légalisation par le ministère des Affaires étrangères se fait par courrier, il est inutile de se déplacer. Vous pouvez également, si vous habitez Paris, déposer votre dossier aux guichets du Bureau des légalisations, il faut compter alors un délai de 48 heures minimum pour tout dossier déposé comportant plus de quinze pièces.

Attention

Il faut prévoir un certain délai pour réunir l'ensemble des pièces, et procéder à leur légalisation selon la procédure exigée, et suivant la nature des documents demandés.

L'apostille est une formule de légalisation prévue par la Convention de La Haye du 5 octobre 1961 et concerne les pays qui ont ratifié cette convention (la France notamment). Elle se définit comme la légalisation d'un acte public et remplace la double légalisation décrite ci-dessus lorsque le pays d'origine de l'enfant a également ratifié la convention. L'apostille d'un document s'effectue auprès de la cour d'appel dans le ressort de laquelle le document a été établi.

La procédure présente l'avantage d'être rapide et moins onéreuse que la légalisation, et plus simplifiée, l'opération s'effectuant au même endroit.

Mais certains pays exigent les deux procédures de légalisation et d'apostille (parfois seulement pour certains documents).
Lorsque le dossier est constitué, traduit et légalisé, les candidats l'envoient directement à l'étranger.

Auprès de la MAI

Dès la constitution de leur dossier, les candidats doivent faire parvenir à la MAI une fiche de renseignements (à se procurer auprès de la MAI ou sur Internet) accompagnée de deux photocopies certifiées conformes de l'agrément. Cette procédure est indispensable au bon déroulement de l'adoption et à la délivrance du visa d'entrée et de séjour de l'enfant.

- ***À l'étranger***

Il est souvent exigé par les autorités locales le déplacement des futurs adoptants dans le pays d'adoption. D'une manière générale, ce déplacement est toujours recommandé.

En cas de déplacement à l'étranger, il est important de se renseigner sur la nécessité d'un visa d'entrée et de sa durée dans le pays concerné afin d'avoir le temps d'y effectuer les démarches ; vous avez également intérêt à vous renseigner sur le coût du voyage.

À l'issue de la procédure locale, il est primordial de faire une demande de délivrance de visa pour l'enfant auprès du consulat de France compétent, en vue de la sortie du territoire de l'enfant, et surtout de son entrée et de son séjour sur le territoire français. Si le visa n'est pas délivré, la procédure d'adoption est alors compromise.

À noter

Le consulat délivre ce visa après consultation de la MAI.

- ***Le retour en France avec l'enfant***

De retour en France, les parents adoptifs de l'enfant devront, dans un premier temps, prévenir les services de l'Aide sociale à l'enfance qui vérifieront que l'enfant est bien accueilli. Passé un délai de six mois, vous déposerez une requête en adoption devant le tribunal de grande instance de votre domicile aux fins de faire prononcer l'adoption.

➤ L'adoption d'un enfant dont le pays d'origine fait partie de la Convention de La Haye

La Convention de La Haye oblige les États membres à transmettre les dossiers d'adoption, soit par l'intermédiaire d'une autorité centrale représentée en France par la MAI, soit par un OAA.

En cas d'adoption directe, et lorsque le pays choisi a ratifié la Convention de La Haye, le dossier d'adoption internationale des candidats doit être déposé à la MAI qui le transmettra directement soit à l'Autorité centrale, soit à un OAA dans le pays concerné.

Avant toute prise de rendez-vous ou envoi de dossier à la MAI, les candidats doivent remplir leur dossier.

• *En France : la constitution du dossier*

Le candidat constitue son dossier au regard de la procédure locale du
s, telle qu'elle est décrite dans la fiche émise par la MAI.
ndidat procède à la légalisation ou fait apostiller son dossier, selon
s, et conformément à la procédure exigée.
ossier est transmis à la MAI par courrier, ou sur place, mais unique-
ent sur rendez-vous.

La MAI va vérifier :
- que le candidat remplit les conditions d'adoption française (agrément),
- que le candidat remplit les conditions légales du pays choisi. Dans le cas contraire, la réorientation vers un autre pays serait nécessaire.

Quand le dossier est complet, il est transmis à l'Autorité centrale du pays.

À noter

La MAI vérifie le dossier en toute objectivité : elle opère un contrôle de légalité et non d'opportunité.

Attention

Lorsque les autorités locales ont reçu le dossier, un enfant n'est pas obligatoirement proposé à l'adoption.

• *Dans le pays d'origine*

Lorsque le pays d'origine reçoit et accepte le dossier, un enfant va pouvoir alors être proposé.

La procédure d'apparentement

La procédure d'apparentement consiste, pour le pays d'origine, à proposer un enfant aux futurs parents adoptifs. Les autorités locales proposent directement l'enfant aux parents en leur transmettant un dossier sur l'enfant et son histoire.

Deux cas de figure se présentent :

1) Si les adoptants se déplacent à l'étranger – que leur présence soit obligatoire ou non – ils donneront eux-mêmes leur accord à l'apparentement. La MAI n'en sera pas informée.

2) Si les adoptants ne se déplacent pas à l'étranger, ils donneront leur accord à l'apparentement par l'intermédiaire de leur interlocuteur sur place. Dans ce cas, la MAI doit être informée de l'apparentement.

La procédure d'adoption

Deux cas de figure là aussi se présentent :

1) Les adoptants se rendent sur place : ils doivent obtenir un accord à la poursuite de la procédure par les autorités étrangères et françaises avant d'entamer la procédure d'adoption.

Après avoir pris contact avec le correspondant local, ils doivent obtenir la communication du dossier de leur enfant, lequel contient l'accord de la poursuite de la procédure par l'Autorité centrale du pays ou par l'OAA, l'acte de naissance de l'enfant, et l'acte d'abandon.

La communication de ces pièces au consulat français étranger va leur permettre d'obtenir l'accord de la poursuite de la procédure par la MAI.

Dès que l'accord à la poursuite de la procédure est délivré, l'adoption pourra être prononcée par les autorités étrangères compétentes, et un certificat de conformité attestant de la régularité de cette procédure sera également délivré.

Les parents feront auprès du consulat de France une demande de délivrance d'un visa de sortie et de long séjour en France au profit de l'enfant, afin de le ramener en France.

À noter

Le consulat délivre le visa après consultation de la MAI. Dès que le visa est délivré, les parents adoptifs peuvent rentrer en France avec leur enfant. Ils doivent alors procéder à l'accomplissement des mesures administratives.

2) Les adoptants ne se déplacent pas à l'étranger : ils ont donc un interlocuteur étranger. Dès qu'ils donnent leur accord à l'apparentement, ils en informent la MAI à qui ils transmettent également les coordonnées de cet interlocuteur.

La MAI reçoit directement le dossier et délivre l'accord à la poursuite de la procédure.

Attention

Le rôle de la MAI se limite à la délivrance de son accord à la poursuite de la procédure et du visa pour l'enfant. La MAI ne diligente aucune procédure d'adoption à l'étranger. Seul un OAA agit pour le compte des adoptants.

L'ADOPTION PAR L'INTERMÉDIAIRE D'UN ORGANISME D'ADOPTION AGRÉÉ (OAA)

En cas d'adoption internationale, le recours à un OAA constitue un véritable accompagnement à la procédure d'adoption, souvent longue et fastidieuse, ainsi qu'un soutien individuel important.

La connaissance particulière du pays d'adoption par ses membres constitue une garantie supplémentaire à la réussite de l'adoption, de la constitution du dossier jusqu'à l'arrivée de l'enfant en France.

L'organisme d'adoption agréé doit avoir obtenu une habilitation du ministère des Affaires étrangères pour œuvrer dans le ou les pays avec lesquels il travaille.

Il convient de bien se renseigner sur le ou les pays pour lesquels l'OAA sera habilité en consultant les fiches de pays mis à disposition des candidats par la Mission de l'adoption internationale (notamment sur son site Internet) afin d'être sûr de correspondre aux critères du pays d'origine de l'enfant.

À noter

La procédure d'adoption varie en fonction du choix du pays, mais reste sur le fond identique à celle diligentée sans intermédiaire. Le recours à un OAA allège la tâche des adoptants : l'OAA règle pour leur compte la plupart des actes de procédure.

Bon à savoir

Le décret du 18 avril 2002 a considérablement renforcé les garanties offertes aux candidats à l'adoption qui ont recours à un organisme agréé. L'OAA doit désormais respecter certaines obligations sous peine de se faire supprimer son habilitation.

L'OAA doit tout particulièrement :

- engager un projet d'adoption uniquement auprès de familles qui résident dans un département pour lequel il a obtenu une autorisation ou procédé à une déclaration de fonctionnement ;
- réaliser des placements d'enfants uniquement originaires des pays pour lesquels il est habilité ;
- réaliser le placement d'un enfant dans le respect des décisions émanant de son pays d'origine ;
- ne pas réclamer ni accepter des fonds autres que ceux déclarés dans le cadre de son fonctionnement au moment de la demande d'autorisation d'exercer ;
- ne pas demander de sommes d'argent avant la définition du projet de mise en relation (procédure d'apparentement) ;
- ne pas rester trois ans sans réaliser d'adoption d'enfant dans le pays concerné.

L'adoption d'un enfant dont le pays d'origine ne fait pas partie de la convention de La Haye

En France : la constitution du dossier

La préparation du dossier est effectuée avec les membres de l'OAA qui se chargent d'effectuer les demandes de légalisation et d'apostille, ainsi que les photocopies d'agrément et d'obtenir la fiche de renseignements auprès de la MAI.

L'OAA envoie directement le dossier à l'étranger, grâce à son correspondant local, qui va pouvoir se charger de l'adoption.

◆ ***À l'étranger : l'adoption de l'enfant***

L'OAA fournit sans délai toutes les informations à caractère médical dont il dispose sur l'état de santé de l'enfant (art. 24, décr. 18.4.2002). Les adoptants se rendent à l'étranger (dans la plupart des cas) pour chercher leur enfant. Ils font procéder avec les membres de l'OAA (français ou correspondants étrangers) à la procédure d'adoption locale et à la demande de visa afin de revenir en France avec leur enfant adopté.

De retour en France, les parents doivent procéder à la transcription de leur jugement étranger, nécessaire pour l'obtention de la nationalité de l'enfant. Le président du conseil général du département est informé par l'OAA de cette adoption.

➤ L'adoption d'un enfant dont le pays fait partie de la Convention de La Haye

◆ ***En France : la constitution du dossier***

Le dossier est constitué par l'OAA qui se charge d'effectuer toutes les formalités nécessaires et qui l'envoie à l'étranger (à l'Autorité centrale ou à un OAA) en informant la MAI du dépôt de cette candidature. L'accord à l'apparentement est donné par l'intermédiaire de l'OAA, sans en informer la MAI.

◆ ***À l'étranger : l'adoption***

Lorsque l'OAA a reçu directement de l'Autorité centrale ou de l'OAA du pays l'accord à la poursuite de la procédure, il donnera également lui-même son accord à la poursuite de la procédure, en avisant la MAI de sa décision.

Le prononcé de l'adoption par les autorités locales : l'OAA reçoit pour le compte des adoptants français la délivrance du certificat de conformité par les autorités compétentes du pays attestant de la régularité de la procédure d'adoption. L'OAA procède à la demande de délivrance du visa.

À noter

En cas de difficulté d'application de la convention de La Haye, l'OAA doit en aviser le ministère des Affaires étrangères.

LE COÛT D'UNE ADOPTION INTERNATIONALE

Le coût d'une procédure d'adoption internationale est extrêmement variable et dépend de plusieurs critères. Il s'agit principalement du choix du pays et du type de procédure d'adoption choisi. Il ne peut être évalué, mais il s'élève à plusieurs milliers d'euros. Il comprend :

- les frais de constitution du dossier en France (frais de légalisation, de traduction...) qui sont généralement très onéreux ;
- les frais de procédure locale (sommes parfois données et réglées en dollars) qui dépendent de chaque pays et de l'organisme choisi. Chaque OAA travaille en collaboration avec des professionnels (avocats, traducteurs...) qui peuvent pratiquer des tarifs différents, expliquant ainsi une variation du coût ;
- le voyage et le séjour sur place (dont l'exigence et la durée dépendent du pays. Il faut prévoir en moyenne plusieurs semaines - entre deux et cinq et dans certains cas beaucoup plus), et le billet de retour pour l'enfant ;

Lorsque le déplacement n'est pas obligatoire, il est préférable d'avoir recours à un OAA qui effectuera la démarche à l'étranger, avec son correspondant local, et ramènera l'enfant.

En cas de recours à un OAA, la participation aux frais de fonctionnement de l'organisme est variable. Ces frais correspondent à une participation à l'élaboration de la procédure et ne sont en aucun cas la rétribution du travail des intermédiaires, qui sont des intervenants bénévoles. Ce coût représente quelques milliers d'euros. Il varie selon les pays et les organismes (frais engendrés par le déroulement de la procédure : frais d'envois rapides de courrier, de fax ; dédommagements des correspondants locaux bénévoles ; déplacements sur place des membres de l'OAA...).

À noter

Certains pays « exigent » un don à l'orphelinat (l'Inde, par exemple).

Hors les frais de déplacements et de séjours, et selon l'intermédiaire et le pays choisis, le montant global d'une adoption via un OAA est compris en moyenne entre 10 000 € et 20 000 €.

Pour connaître exactement le coût d'une adoption lorsque le pays est choisi, chaque OAA présente ses tarifs détaillés, pays par pays, hors déplacements et frais de séjour, grâce à des fiches mises à la disposition du public sur le site Internet de la MAI.

Dans l'hypothèse d'une adoption directe, outre le coût de la constitution du dossier en France, les prix varient également selon les pays, et selon les intermédiaires qui interviennent sur place.

En tout état de cause, ils ne sont pas forcément moins chers, pour un pays donné, que ceux proposés par un OAA.

LES EFFETS EN FRANCE DE L'ADOPTION INTERNATIONALE

Il faut distinguer deux hypothèses : soit l'adoption est prononcée en France, soit elle est prononcée à l'étranger (ce qui est assez fréquent).

ADOPTION PRONONCÉE EN FRANCE

Lorsque les parents n'ont pas adopté leur enfant selon la procédure locale du pays d'origine, ils doivent respecter la procédure de placement de six mois, délai au terme duquel il leur appartient de saisir le tribunal de grande instance d'une requête en adoption.
Les tribunaux prononcent l'adoption en respectant la règle de conflit de lois énoncée dans le Code civil.

Pour que l'adoption soit prononcée, et quelle que soit la loi applicable, il faut que le consentement du représentant légal ait obligatoirement été obtenu, librement et sans contrepartie, après la naissance de l'enfant et éclairé sur les conséquences de l'adoption.
Pour que l'adoption plénière soit prononcée et produise tous les effets qui lui sont attachés, le caractère complet et irrévocable de la rupture du lien de filiation doit, en outre, être connu de l'auteur du consentement à l'adoption (art. 370-3, C. civ.). Cela doit être clairement exprimé dans l'acte qui constitue le consentement à l'adoption. À défaut, seule l'adoption simple peut être prononcée.

En pratique

L'adoption prononcée produira tous les effets de la loi française (art. 370-4, C. civ.) :

– Pour une adoption plénière, elle produira les effets liés à la rupture définitive des liens de filiation et l'assimilation complète de l'enfant dans sa famille adoptive ;

– Pour une adoption simple, le lien de filiation se superposera au lien de filiation d'origine subsistant, l'enfant ayant deux filiations.

Les conséquences relatives à la nationalité et à l'état civil ne sont pas les mêmes selon le type d'adoption.

Attention

Les tribunaux français refuseront de prononcer l'adoption d'un enfant dont le pays prohibe l'adoption.

ADOPTION PRONONCÉE À L'ÉTRANGER

Lorsque les parents arrivent en France avec une décision d'adoption régulièrement prononcée à l'étranger, ce qui est souvent le cas, il leur appartient de procéder aux démarches afin de régulariser la situation de leur enfant. En aucun cas ils ne doivent obtenir l'exequatur de cette décision : la décision d'adoption « étrangère » est directement applicable.

En droit français, en principe, les jugements étrangers n'ont d'effet juridique que s'ils revêtent l'exequatur, c'est-à-dire la reconnaissance par l'autorité judiciaire de leur décision. Or cette procédure n'est pas obligatoire pour les jugements étrangers qui portent sur l'état des personnes : c'est le cas d'un jugement d'adoption étranger.

Certains parents adoptifs saisissent malgré tout le tribunal de grande instance pour obtenir l'exequatur de la décision d'adoption étrangère afin d'être sûrs de son application et d'obtenir la garantie de sa conformité à l'ordre public français.

Exemple

Une cour d'appel a ainsi prononcé l'exequatur d'une décision d'adoption prononcée en Roumanie. En effet, alors que les parents adoptifs étaient en procédure de divorce, l'épouse a mentionné sa volonté de reprendre seule le projet d'adoption plénière de leurs deux enfants, au détriment de son mari. L'existence d'une fraude à la loi lui était alors reprochée.

En constatant la régularité de la décision étrangère prononcée trois ans auparavant conformément à la procédure roumaine, et en l'absence de preuve de l'existence d'une fraude, la cour d'appel a prononcé l'exequatur du jugement d'adoption (CA Riom, 2e ch., 15.5.2001).

Dans tous les cas, la saisine du tribunal est nécessaire pour obtenir le changement de prénom (pour les parents qui souhaitent le franciser).

Transcription à l'état civil du jugement d'adoption prononcé à l'étranger

Les parents devront procéder à la transcription du jugement étranger sur les registres de l'état civil à Nantes où se trouve le fichier centralisé des actes d'état civil étrangers. Il suffit pour cela de faire une requête en ce sens par courrier. Le jugement d'adoption étranger tient lieu d'acte de naissance.

Selon l'article 57 du Code civil, l'acte de naissance mentionne le lieu réel de naissance de l'enfant. Si ce lieu est inconnu, le lieu du domicile des adoptants en France tiendra lieu de naissance. L'accès à l'adopté de son acte de naissance original est impossible.

➤ Nationalité

L'adoption plénière opère une assimilation totale à la filiation biologique. Il est alors considéré comme né de parents français, il est donc français automatiquement de plein droit.

En cas d'adoption simple, la filiation d'origine subsiste : la nationalité étrangère perdure. Mais il est possible d'en faire la demande pendant la minorité de l'enfant si l'adoptant a la nationalité française (art. 21-12, C. civ.) et à condition que l'adopté réside en France. Cette demande s'effectue par une déclaration auprès du juge d'instance compétent pour recevoir les déclarations de nationalité (définis par décret, art. R. 321-31, COJ).
La décision du juge est motivée et si elle rejette la demande, elle peut être contestée dans un délai de six mois devant le tribunal de grande instance.

À noter

Le mineur de plus de seize ans peut lui-même effectuer la demande d'attestation de la nationalité française.

LES EFFETS DE L'ADOPTION

L'intensité du lien de filiation adoptive et la persistance ou non de la filiation d'origine de l'enfant ne produisent pas les mêmes effets juridiques ni les mêmes conséquences pratiques : les effets du lien de filiation adoptive dépendent du type d'adoption.

L'adoption simple est une filiation qui se superpose à la filiation par le sang, l'enfant adopté simple ayant alors deux filiations. Cela n'est pas sans conséquence juridique.

L'adoption plénière est une filiation qui produit les mêmes effets qu'une filiation biologique légitime ou naturelle. Elle se caractérise par la rupture totale des liens d'origine de l'adopté avec ses parents biologiques (art. 356, C. civ.). L'assimilation totale de cette filiation à la filiation par le sang emporte également des conséquences spécifiques.

Les conséquences qui tiennent au type de l'adoption sont de deux ordres : elles portent d'une part sur les droits et devoirs de l'adoptant et de l'adopté entre eux ou avec les autres membres de leurs familles (adoptive et/ou biologique), et d'autre part sur la question de la possibilité de révoquer le lien de filiation nouvellement créé.

Pour trouver le thème qui vous intéresse, consultez la table des matières en début de volume ou l'index alphabétique en fin de volume.

LES DROITS DE L'ENFANT ADOPTÉ

Les droits de l'adopté dépendent du type de l'adoption.

L'ADOPTION PLÉNIÈRE

➤ La règle générale

• *Le principe*

L'enfant adopté plénièrement a « *dans la famille de l'adoptant les mêmes droits et les mêmes obligations qu'un enfant dont la filiation a été juridiquement établie conformément aux règles civiles y afférentes, c'est-à-dire un enfant légitime ou naturel reconnu par ses parents* » (art. 358, C. civ.). Ainsi l'enfant entre complètement dans sa famille adoptive comme s'il y était né, il cesse d'appartenir à sa famille par le sang, à l'égard de laquelle il n'a plus ni droit, ni devoir.

• *Des exceptions*

En ce qui concerne l'adoption plénière de l'enfant du conjoint, la particularité de la situation impose que la filiation d'origine, qui est celle de l'un des conjoints ne peut disparaître pour ne laisser subsister celle issue de l'adoption par l'autre conjoint, ce qui enlèverait toute raison d'être à ce type d'adoption qui a pour but principal de créer un double lien de filiation biologique et adoptive. C'est pourquoi la loi prévoit expressément une dérogation seulement applicable à ce type d'adoption : en effet, l'adoption de l'enfant du conjoint laisse subsister la filiation d'origine de l'adopté, tant à l'égard de ce conjoint qu'à l'égard de sa famille (notamment les grands-parents). La loi assimile les effets de cette adoption à ceux d'une adoption par deux époux (art. 356, C. civ.).

Les prohibitions à mariage entre ascendants et descendants en ligne directe ou alliés dans la même ligne, entre frère et sœur ou entre oncle et tante s'appliquent toujours à l'enfant adopté dans ses rapports avec sa famille d'origine, dès lors que ces prohibitions sont fondées sur la consanguinité.

➤ État civil

• *Acte de naissance*

L'état civil d'un enfant adopté plénièrement établi dès la transcription du jugement d'adoption sur les registres de l'état civil annule son acte de naissance d'origine (ou provisoire s'il a été trouvé ou s'il a été abandonné par ses parents avec demande de secret, ou s'il est né sous X). En effet, sur l'acte de naissance mentionnant la filiation biologique de l'enfant (ou sa situation d'enfant trouvé) est apposée la mention « adoption » par le procureur de la République, il est donc nul. L'adopté ne pourra jamais en prendre connaissance.

Ainsi, sur son acte de naissance, les parents adoptifs de l'enfant adopté sont ses parents. L'enfant adopté est déclaré être né d'eux, aucune mention n'est faite ni à la filiation par le sang, ni à la filiation adoptive.

Mais le jugement d'adoption est mentionné en marge de l'acte de naissance intégral. Si l'enfant adopté demande à l'état civil un extrait d'acte de naissance, s'il ne sait pas qu'il est adopté, il ne le découvrira pas. En revanche, l'enfant adopté (et lui seul) peut à sa majorité demander une copie intégrale de son acte de naissance, dans laquelle figure le jugement d'adoption. Pendant sa minorité, seuls ses parents adoptifs peuvent en faire la demande.

Le lieu et la date de naissance qui figurent sur l'acte d'état civil sont le lieu et la date de naissance tels qu'ils sont issus du jugement d'adoption. Ce sont les lieux et date réels quand ils sont connus.
- Pour un enfant trouvé, l'officier d'état civil qui établit l'acte provisoire fixe une date probable en fonction de l'âge apparent de l'enfant et désigne comme lieu de naissance celui de la commune où l'enfant a été trouvé (art. 58, C. civ.) ;
- Pour un enfant étranger, le lieu de naissance de l'enfant doit être déterminé par tous moyens ou présomptions comme le lieu du domicile de la mère ou de l'orphelinat dont il est issu.

◆ ***Le nom***

Règle applicable jusqu'au 31 décembre 2004

L'adoption plénière conférait obligatoirement à l'enfant le nom de famille de l'adoptant :
- Si l'enfant était adopté par un couple marié, il portait le nom du mari ;
- Si l'enfant était adopté par une femme mariée seulement, le mari pouvait consentir à ce que l'enfant porte son nom (art. 357, C. civ.).

Règle applicable depuis le 1er janvier 2005

La loi n° 2002-304 du 4 mars 2002 relative au nom de famille a modifié les règles de transmission du nom. Cette loi est applicable à toutes les personnes qui adoptent un enfant et dont le jugement d'adoption est prononcé ou transcrit sur les registres de l'état civil depuis le 1er janvier 2005.

L'adoption plénière confère obligatoirement le nom de l'adoptant.

La loi du 4 mars 2002 prévoit désormais l'inscription du nom de famille de l'enfant sur les registres d'état civil (lors de la transcription dudit jugement).

- En cas d'adoption par un couple marié : l'enfant portera, au choix, soit le nom du père, soit le nom de la mère, soit leurs deux noms, accolés selon leur choix, dans la limite d'un seul nom par famille (art. 357, C. civ. du 4.3.2002). Ce choix s'effectue par déclaration conjointe des parents à l'officier d'état civil au moment de la transcription du jugement d'adoption sur l'acte d'état civil. À défaut, l'enfant prend le nom du père.

– En cas d'adoption par une personne mariée : l'enfant peut porter le nom seul du conjoint (ce qui est assez fréquent en cas d'adoption par une femme mariée ou en cas d'adoption de l'enfant du conjoint), ou accoler les deux noms de famille, dans l'ordre au choix, et dans la limite d'un seul nom par famille. Le consentement du conjoint est toujours requis. Cette demande s'effectue au moment du prononcé du jugement d'adoption par le tribunal. Lorsque le conjoint est décédé ou dans l'impossibilité de manifester son consentement, le tribunal apprécie la question après avoir consulté les héritiers du défunt ou les personnes proches qui héritent de lui.

– En cas d'adoption internationale : dès lors que l'adoption est régulièrement prononcée à l'étranger, les parents effectuent leur choix au moment de la transcription du jugement d'adoption par déclaration adressée au procureur de la République du lieu où la transcription doit être opérée. Si les parents procèdent à une demande d'exequatur, leur déclaration relative au choix du nom doit être jointe dans ladite demande. C'est le procureur de la République qui opérera la mention du nom de famille dans l'acte de naissance.

À noter

Pour les enfants nés avant le 1er janvier 2005 et âgés de moins de treize ans à cette date, les titulaires de l'autorité parentale peuvent demander, dans le délai de dix-huit mois suivant cette date et à la condition que les parents n'aient pas d'autres enfants communs âgés de treize ans et plus, l'adjonction en deuxième position du nom de famille du parent qui n'a pas transmis le sien, et dans la limite d'un seul nom de famille. Tous les enfants communs portent le même nom de famille. Cette faculté n'est offerte qu'une seule fois.

- ***Le prénom***

En principe, l'enfant adopté conserve ses prénoms. Mais si les parents en font la demande, le tribunal qui rend le jugement d'adoption se prononce également sur la demande de changement de prénoms. Cette demande doit être formulée lors de la requête déposée par les parents en vue du prononcé du jugement d'adoption.

➤ Droits successoraux et obligation alimentaire

- ***À l'égard de la famille par le sang***

L'enfant ayant fait l'objet d'une adoption plénière n'a plus aucun lien juridique avec sa famille d'origine. Il n'a donc aucun droit successoral à l'égard de sa famille par le sang avec qui la rupture est totale et absolue.

- ***À l'égard de la famille adoptive***

L'enfant adopté étant totalement assimilé à l'enfant légitime, il a les mêmes droits successoraux qu'un enfant biologique. Cette assimilation est totale tant à l'égard de la famille restreinte que de la famille élargie, et concerne tous les membres de la famille. Ainsi, il est héritier réservataire à l'égard de ses parents adoptifs, mais aussi à l'égard de ses grands-parents adoptifs, c'est-à-dire qu'il ne peut pas être déshérité de plus du quart de l'héritage par eux, comme en ce qui concerne un enfant légitime.

◆ *Obligation alimentaire*

L'obligation alimentaire réciproque à laquelle est tenu tout enfant légitime à l'égard de ses parents biologiques dans le besoin s'applique au même titre qu'une filiation légitime.

L'ADOPTION SIMPLE

➤ État civil

◆ *Acte de naissance*

L'adoption simple ne faisant pas disparaître la filiation par le sang, l'acte de naissance de l'enfant adopté simplement reste intact.

Le jugement d'adoption simple est transcrit ou mentionné sur les registres d'état civil par le procureur de la République dans les quinze jours suivant l'expiration des délais de recours (art. 362, C. civ.).

◆ *Le nom*

L'enfant adopté conserve en principe le nom de famille issu de sa filiation par le sang auquel il ajoute le nom de son ou ses parents adoptifs. Le nom de famille de l'adoptant est adjoint au nom de famille issu des parents biologiques (art. 363, C. civ.).

Cette adjonction suppose que le nom de l'adoptant se place, en principe, après le nom d'origine de l'adopté, mais il est possible d'inverser l'ordre des noms et de placer en premier le nom de l'adoptant (CA Douai, 28.6.1999, Dr. famille 2000, comm. n° 30). Cet ordre inversé peut avoir pour but de permettre une meilleure intégration dans la famille adoptive, comme c'est le cas lorsque l'enfant adopté simple entre très jeune dans la famille adoptive, mais la persistance du nom d'origine permet de ne pas faire oublier la coexistence de deux liens de filiations dès lors que l'adoption simple repose sur ce principe.

Le nom de l'adoptant peut être celui de la femme mariée : lorsque l'adoptante est une femme mariée, si le nom transmis par elle est le nom de son mari, celui-ci devra alors donner son consentement à cette adjonction. Dans une telle hypothèse, le port du nom de l'époux de la femme mariée seule adoptante ne produit aucun effet à l'égard du mari qui n'a ainsi aucun droit ni devoir sur l'enfant adopté.

Mais le tribunal de grande instance peut être saisi par l'adoptant, à tout moment, et même après le prononcé de l'adoption, afin qu'il soit jugé que l'enfant ne portera que le nom de l'adoptant. Dans cette hypothèse, si l'adopté est âgé de plus de treize ans, il doit consentir au changement de nom.

Attention

Si l'adopté a des enfants majeurs, ceux-ci devront consentir à cette substitution.

Lorsque le consentement de l'enfant adopté âgé de plus de treize ans est requis, le tribunal doit vérifier qu'il a été réellement donné par l'adopté. En effet, la requête en changement de nom est effectuée, aux termes de la loi, par l'adoptant. Il a été jugé que les tribunaux ne devaient pas se contenter d'entériner une requête mentionnant le consentement de l'adopté, mais de rechercher, par tous moyens, la réalité de ce consentement, afin d'éviter des malentendus ultérieurs, l'adjonction du nom étant le principe, la substitution l'exception (CA Aix-en-Provence, 1.4.1999, Dr. famille 2000, comm. n° 35). Dans cette affaire, le consentement de l'enfant à son changement de nom avait été déduit de son consentement à l'adoption, ce qui a été considéré comme insuffisant par les juges. Il est donc conseillé de joindre à la requête en adoption l'accord express de l'enfant. Les juges pourront en tout état de cause convoquer ce dernier pour vérifier son consentement.

Si l'adoptant est une femme mariée, la substitution du nom ne peut porter uniquement sur le nom du mari (C. cass., 15.10.1993, RTDC 1994, p. 74).

L'adjonction ou la substitution du nom sous-entend que l'adopté simple ne peut pas porter exclusivement son nom issu de sa famille par le sang. Cependant, lorsque l'adopté simple est majeur, voire lui-même père de famille, les tribunaux admettent la possibilité de ne porter que le nom d'origine et de ne pas adjoindre le nom de l'adoptant (CA Pau, 7.6.1999, RTDC 2000, p. 84).

À noter

Souvent, en cas d'adoption intrafamiliale, le nom de famille de l'adopté ne changera pas, sous réserve d'une modification dans le cadre de la nouvelle loi sur le nom de famille du 4 mars 2002 (voir la partie correspondant au nom de famille).

- ***Le prénom***

  L'enfant ayant fait l'objet d'une adoption simple conserve son prénom.

➤ Droits successoraux et obligation alimentaire

- ***À l'égard de la famille par le sang***

  Le lien de filiation n'étant pas rompu avec sa famille d'origine, la personne ayant fait l'objet d'une adoption simple bénéficie toujours de ses droits de succession au sein de sa famille par le sang, tant à l'égard de ses parents que de ses ascendants, dont il reste réservataire.

◆ ***À l'égard de la famille adoptive***

L'adopté simple a dans la famille de l'adoptant les mêmes droits successoraux qu'un enfant légitime. Il bénéficie de la réserve héréditaire selon laquelle il ne peut être déshérité de plus du quart de sa part par ses parents. En revanche, cette réserve ne joue pas à l'égard des ascendants de l'adoptant. L'enfant adopté simple ne bénéficie pas de la qualité d'héritier réservataire à l'égard de ses grands-parents adoptifs.

◆ ***Obligation alimentaire***

L'enfant adopté simple est tenu de l'obligation alimentaire à l'égard de ses parents biologiques et adoptifs.

LES DROITS ET DEVOIRS DE L'ADOPTANT

AUTORITÉ PARENTALE

➤ En cas d'adoption plénière

L'assimilation complète de l'adopté à l'enfant légitime emporte pour conséquence un exercice total de l'autorité parentale par les parents adoptifs sur l'enfant adopté.

➤ En cas d'adoption simple

La question de l'autorité ne se pose que lorsque l'enfant est mineur. L'adopté simplement est soumis à l'autorité parentale de ses parents adoptifs exclusivement dans les mêmes conditions que pour l'enfant légitime. De même au sujet de l'administration des biens, les règles relatives à la tutelle ou à l'administration légale s'appliquent (art. 365, C. civ.).

DROITS SUCCESSORAUX

➤ Adoption plénière

L'adoptant a les mêmes droits successoraux que des parents légitimes. Il peut donc hériter de son enfant si celui-ci vient à décéder avant lui et qu'il laisse des biens.

Pour trouver le thème qui vous intéresse, consultez la table des matières en début de volume ou l'index alphabétique en fin de volume.

➤ Adoption simple

L'adoptant bénéficie à l'égard de l'adopté d'un « droit de retour » des biens qui lui auraient donnés : si l'adopté meurt sans descendant, les biens acquis par l'adoptant retournent à cet adoptant ou à ses descendants, si ces biens existent encore au moment du décès.

À noter
Les parents biologiques bénéficient du droit de retour dans les mêmes conditions.

OBLIGATION ALIMENTAIRE

L'obligation alimentaire est réciproque entre l'adoptant et l'adopté, quelle que soit la forme de l'adoption.

À noter
Dans le cas de l'adoption simple, l'enfant adopté reste tenu de l'obligation alimentaire vis-à-vis de ses parents par le sang dans le besoin, laquelle se superpose à celle due également à ses parents adoptifs. En revanche, les parents biologiques ne sont tenus à l'obligation alimentaire vis-à-vis de leur enfant dans le besoin que si ce dernier ne peut l'obtenir de ses parents adoptifs (art. 367, C. civ.).

AVANTAGES ET ALLOCATIONS LIÉS À L'ADOPTION

➤ Congé parental

• *Congé d'adoption spécifique*

Un congé d'adoption est accordé à tout salarié qui s'est vu confier un enfant en vue de son adoption, soit par le service de l'Aide sociale à l'enfance, soit par un OAA. Ce congé s'élève à dix semaines au plus à dater de l'arrivée de l'enfant au foyer.

Si l'adoption a pour effet de mettre à la charge de l'adoptant un nombre d'enfants égal à trois ou plus, le congé est de dix-huit semaines.
En cas d'adoption multiple, le congé d'adoption est porté à vingt-deux semaines.

Lorsque les deux parents travaillent, ce congé est non cumulable. Il peut être pris :
- soit par l'un des parents adoptifs, dans sa totalité, l'autre parent ayant renoncé à ses droits ;
- soit par les deux parents adoptifs simultanément. Dans ce cas, le congé d'adoption, qui fait alors l'objet d'une répartition entre les deux parents, est augmenté de onze jours en cas d'adoption d'un seul enfant (ces onze jours supplémentaires correspondant à la mise en œuvre du congé de pater-

nité), et de dix-huit jours en cas d'adoption multiple. En outre, il ne peut pas être réparti en plus de deux périodes, dont la plus courte ne doit pas être inférieure à onze jours (art. L. 331-7, C. séc. soc. [issu de la loi n° 2001-1246 de financement de la Sécurité sociale pour 2002, L. 21.12 2001]).

Le congé d'adoption peut être accordé à la personne salariée qui adopte un enfant à l'étranger, sous réserve que l'enfant soit régulièrement entré sur le territoire français.

L'adoptant qui entend bénéficier de ce congé d'adoption devra en avertir son employeur en lui indiquant le motif de son absence (l'adoption) et la date de reprise de son emploi.

Dans le cadre d'une adoption, l'adoptant salarié peut résilier son contrat de travail sans respecter le délai de préavis, s'il désire élever son enfant. Il doit prévenir son employeur par lettre recommandée avec demande d'avis de réception ou par lettre remise en main propre contre décharge au moins quinze jours à l'avance.

Il peut toutefois bénéficier d'un réembauchage pendant l'année de rupture du contrat, et prétendre à la reprise de son emploi dans les mêmes conditions en bénéficiant des mêmes avantages qu'au moment de la rupture.

◆ ***Congé parental d'adoption***

L'adoptant salarié peut bénéficier d'un congé parental d'éducation. Les conditions d'octroi de ce congé dépendent de la date à laquelle l'adoption a été prononcée ou de la date à laquelle l'enfant a été accueilli en vue de son adoption.

Avant le 1er janvier 2004 : le congé parental d'éducation

L'adoptant salarié ayant adopté ou recueilli en vue de son adoption un enfant avant le 1er janvier 2004 peut bénéficier d'un congé parental d'éducation s'il a au moins deux enfants dont le plus jeune est âgé de moins de trois ans.

Ce congé, d'une durée d'un an (renouvelable jusqu'aux trois ans de l'enfant), permet au parent de cesser ou de réduire son activité professionnelle (avec la garantie de conserver son poste). Ce congé ouvre droit au bénéfice de l'allocation parentale d'éducation.

<u>Les conditions</u>

Cette allocation est versée à la condition que le parent bénéficiaire ait exercé une activité d'une durée minimale dans un certain délai avant l'adoption ou l'accueil de l'enfant :

Il faut avoir travaillé :
- au moins 2 ans dans les 5 ans qui précèdent l'adoption ou l'accueil d'un deuxième enfant ;
- au moins 2 ans dans les 10 ans qui précèdent l'adoption ou l'accueil d'un troisième enfant ou plus.

L'allocation de congé parental ne peut pas être versée aux parents déjà bénéficiaires de l'allocation adultes handicapés, d'une pension d'invalidité ou de retraite, d'une indemnité journalière maladie, maternité ou d'accident du travail, ou d'une allocation chômage.

Le montant

Le montant versé dépend de la durée de la cessation d'activité professionnelle :
- pour une cessation totale d'activité : l'allocation mensuelle est de 501,59 € ;
- pour une cessation partielle d'activité inférieure à 50 % : l'allocation mensuelle est de 331,67 € ;
- pour une cessation partielle d'activité de 50 % à 80 % : l'allocation mensuelle est de 250,81 €.

Bon à savoir

Les parents bénéficiaires de ce congé parental continueront de l'être jusqu'au 1er janvier 2007.
Les parents déjà bénéficiaires de ce congé parental pour un enfant et qui adoptent ou recueillent en vue de son adoption un autre enfant à partir de cette date entreront dans le nouveau dispositif de la PAJE (prestation d'accueil du jeune enfant). Il convient dans ce cas de s'adresser directement à sa Caisse d'allocations familiales pour connaître les modalités pratiques.

Depuis le 1er janvier 2004 : la prestation d'accueil du jeune enfant (PAJE)

Les parents d'un enfant adopté ou recueilli en vue de son adoption depuis le 1er janvier 2004 bénéficient désormais des nouvelles prestations offertes par la PAJE.

Ils peuvent faire le choix, dès le premier enfant, de cesser ou réduire leur activité professionnelle pour élever leur enfant. Ils peuvent alors percevoir le complément de libre choix d'activité.

Au contraire, si les parents désirent poursuivre leur activité professionnelle, la PAJE propose, sous conditions, une aide financière : le complément de libre choix du mode de garde.

- ***Le complément de libre choix d'activité***

Les parents d'un enfant adopté ou recueilli en vue de son adoption après le 1er janvier 2004 peuvent faire le choix de réduire ou cesser leur activité un certain temps afin d'élever le ou leurs enfants.

Pour trouver le thème qui vous intéresse, consultez la table des matières en début de volume ou l'index alphabétique en fin de volume.

Sous certaines conditions, ils peuvent bénéficier d'un complément financier.

Cette prestation est ouverte aux personnes qui répondent à plusieurs conditions cumulatives.

Les bénéficiaires

Pour pouvoir bénéficier du complément de libre choix d'activité, il faut :
- avoir adopté ou recueilli en vue de son adoption un enfant âgé de moins de 3 ans ;
- avoir travaillé :

• 2 ans dans les 2 ans précédant l'adoption ou l'accueil de l'enfant pour le premier enfant ;

• 2 ans dans les 4 ans précédant l'adoption ou l'accueil de l'enfant pour le deuxième enfant ou la cessation ou la réduction d'activité si celle-ci est postérieure à cette adoption (ou accueil de l'enfant en vue de son adoption) ;

• 2 ans dans les 5 ans précédant l'adoption ou l'accueil de l'enfant à partir du troisième enfant ou la réduction d'activité si celle-ci est postérieure à cette adoption (ou accueil de l'enfant en vue de son adoption).

- ne pas être bénéficiaire de l'allocation adultes handicapés, d'une pension d'invalidité ou de retraite, d'une indemnité journalière maladie, maternité, paternité ou d'accident du travail, ou d'une allocation chômage.

Le montant

Le montant du complément de libre choix d'activité alloué aux familles dépend de la durée de la réduction du temps de travail ainsi que de l'octroi ou non de l'allocation de base.

• Pour une cessation totale d'activité :
- personnes bénéficiaires de l'allocation de base : 339,94 €
- personnes non bénéficiaires de l'allocation de base : 501,59 €

• Pour une réduction d'activité (temps de travail réduit à 50 % maximum) :
- personnes bénéficiaires de l'allocation de base : 219,75 €
- personnes non bénéficiaires de l'allocation de base : 381,42 €

• Pour une réduction d'activité (temps de travail réduit entre 50 % et 80 % du temps de travail habituel) :
- personnes bénéficiaires de l'allocation de base : 126,77 €
- personnes non bénéficiaires de l'allocation de base : 288,43 €

Pour trouver le thème qui vous intéresse, consultez la table des matières en début de volume ou l'index alphabétique en fin de volume.

• *Le complément de libre choix du mode de garde*

Les parents d'un enfant adopté ou recueilli en vue de son adoption après le 1er janvier 2004, désireux de continuer leur activité professionnelle, peuvent bénéficier d'une compensation financière s'ils font garder leur(s) enfant(s) par une assistante maternelle agréée ou à leur domicile.

Le bénéfice de cette allocation est soumis à plusieurs conditions et son montant varie en fonction des revenus des parents ainsi que du mode de garde choisi.

Les bénéficiaires

Pour être bénéficiaire du complément de libre choix du mode de garde, il faut :
- que l'enfant gardé soit âgé de moins de 6 ans ;
- que les parents fassent appel à une association ou une entreprise qui emploie des assistantes maternelles assurant la garde de l'enfant au domicile de l'assistante maternelle, ou à des gardes d'enfants à domicile ;
- que l'association ou l'entreprise soit agréé par le conseil général si elle emploie des assistantes maternelles, ou par le préfet si elle emploie des gardes d'enfants à domicile ;
- que l'enfant soit gardé au moins 16 heures par mois ;
- que les parents salariés perçoivent un revenu minimum : 353,59 € pour une personne seule, 707,18 € pour un couple. Pour les parents non salariés, il est exigé d'être à jour dans ses cotisations sociales d'assurance vieillesse.

Aucune condition de revenus n'est exigée pour les parents étudiants ou bénéficiaires de :
- l'allocation adultes handicapés, l'allocation chômage, l'allocation d'insertion, l'allocation de solidarité spécifique ;
- du revenu minimum d'insertion et de l'allocation de parent isolé et qui sont titulaires d'un contrat de travail ou d'insertion, ou inscrits comme demandeurs d'emploi à l'ANPE, ou en formation rémunérée.

Le montant

Le montant de cette allocation est versé en fonction des ressources des parents, ainsi que du nombre d'enfants à charge.

En outre, selon la catégorie de revenus dans laquelle les parents se situent, l'allocation versée au titre du complément de libre choix du mode de garde dépend à la fois de l'âge de l'enfant gardé et du mode de garde choisi.

Pour un enfant âgé de moins de trois ans, le montant du complément sera le double de celui versé pour un enfant âgé de trois à six ans.

Lorsque le mode de garde choisi est le recours à une assistante maternelle, le complément du mode de garde est versé pour chaque enfant gardé. En revanche, il n'est versé qu'une seule fois par famille lorsque la garde du ou des enfants est effectuée au domicile des parents.

Nombre d'enfants à charge	Revenus 2003		
	Inférieurs à	Ne dépassant pas	Supérieurs à
1 enfant	14 622 €	32 493 €	32 493 €
2 enfants	16 835 €	37 411 €	37 411 €
Par enfant en plus	2 655 €	5 901 €	5 901 €

Âge de l'enfant	Montant mensuel de la prise en charge		
Moins de 3 ans	354,19 €	253,00 €	151,78 €
De 3 à 6 ans	177,11 €	126,52 €	75,89 €

◆ ***Congé spécifique non rémunéré en cas d'adoption à l'étranger***

Toute personne titulaire de l'agrément peut bénéficier d'un congé non rémunéré pour lui permettre de se rendre à l'étranger ou dans les DOM-TOM afin d'adopter un ou plusieurs enfants.

Ce congé est de six semaines au maximum. Le salarié qui voudrait en bénéficier doit prévenir son employeur dans un délai de quinze jours au moins avant son départ, par une lettre recommandée avec demande d'avis de réception ou par lettre remise en main propre contre décharge, en précisant la date de départ et la durée du congé envisagés.

Le fait de bénéficier de ce droit n'empêche pas l'application de dispositions plus favorables qui seraient prévues dans une convention collective (art. L. 122-28-10, C. tr.).

◆ ***Congé pour événements familiaux***

Chaque salarié a droit, sans condition, à trois jours de congé rémunéré pour l'adoption d'un enfant au moment de l'arrivée de l'enfant au foyer. Ce congé ne se cumule pas avec le congé d'adoption spécifique accordé pour un même enfant (art. L. 226-1, C. tr.).

À noter

Toutes les dispositions des conventions collectives spécifiques à la grossesse et accordant un avantage supplémentaire à la femme enceinte pendant sa grossesse et après la naissance de l'enfant sont applicables de plein droit également à la personne salariée qui adopte et bénéfice d'un congé d'adoption (art. L. 122-26-3, C. tr.)

◆ ***Droit du travail***

Les dispositions légales qui s'appliquent à la femme enceinte et garantissant ses droits vis-à-vis de son contrat de travail et ses relations avec son employeur sont applicables à l'adoptante.

Ainsi, l'employeur ne peut résilier le contrat de travail pendant le délai de suspension du contrat de travail de la femme qui adopte. Cette protection est assurée pendant les quatre semaines qui suivent l'expiration de cette période. Peu importe qu'elle ait fait usage ou non de son droit (art. L. 122-25-2, C. tr.).

En revanche, le contrat de travail peut être résilié pour une cause étrangère à l'adoption. La résiliation d'un contrat de travail en dehors d'un motif étranger est impossible si la femme qui adopte envoie dans un délai de quinze jours suivant la notification de son licenciement (c'est-à-dire de la connaissance de ce licenciement) par lettre recommandée avec demande d'avis de réception ou par lettre remise en main propre contre décharge, une attestation justifiant l'arrivée à son foyer dans un délai de quinze jours, d'un enfant placé en vue de son adoption.

Cette attestation doit être fournie par l'intermédiaire qui sert à l'adoption, soit par l'Aide sociale à l'enfance, soit par l'OAA.

Attention

Ces droits n'empêchent pas la fin d'un contrat à durée déterminée.

➤ Allocation d'adoption (ADA)

◆ *Le principe*

Depuis 1994, une allocation spécifique d'adoption peut être versée, sous condition de ressources, à toute personne qui adopte, à l'occasion de l'arrivée de l'enfant à son foyer : l'allocation d'adoption (ADA).

Depuis le 1er janvier 2004, la prestation d'accueil du jeune enfant (PAJE) se substitue à toutes les allocations existantes auparavant et s'applique désormais aux enfants adoptés ou confiés en adoption à partir de cette date.

La PAJE prend la forme de deux allocations distinctes : la prime à l'adoption et l'allocation de base.

À noter

Le Gouvernement a décidé de doubler la prime d'adoption depuis le 1er janvier 2005. Elle devrait donc passer à 1 600 €.

◆ *Les bénéficiaires*

Peut en bénéficier :

- toute personne qui a adopté un ou plusieurs enfant(s) par une décision judiciaire française ;
- toute personne à qui un ou plusieurs enfant(s) ont été confiés en vue d'être adopté(s), soit par l'Aide sociale à l'enfance, soit par un organisme d'adoption agréé ;
- toute personne qui a adopté un enfant à l'étranger par un jugement d'adoption régulièrement prononcé par l'autorité étrangère compétente,

à condition qu'elle soit titulaire de l'agrément, et que l'enfant soit autorisé à entrer sur le territoire français ;
– toute personne à qui un ou plusieurs enfant(s) ont été confiés en vue d'être adopté(s), par décision de l'autorité étrangère compétente, à condition qu'elle soit titulaire de l'agrément et que l'enfant soit autorisé à entrer sur le territoire français.

Pour connaître les allocations auxquelles les parents adoptifs peuvent prétendre, il convient de se reporter à la date à laquelle leur(s) enfant(s) a (ont) été adopté(s) ou leur a (ont) été confié(s) en adoption :

- avant le 1er janvier 2004 : application de l'allocation spécifique d'adoption ;

- après le 1er janvier 2004 : application de la PAJE.

Le bénéfice de ces allocations est soumis à plusieurs conditions.

Enfant adopté ou accueilli en vue de son adoption avant le 1er janvier 2004

Les familles ayant des enfants adoptés ou confiés en adoption avant le 1er janvier 2004 continueront de bénéficier des allocations auxquelles elles pouvaient prétendre avant la PAJE jusqu'au 1er janvier 2007.

Lorsqu'une famille déjà bénéficiaire de l'une ou plusieurs prestations avant le 1er janvier 2004 adopte, ou se voit confier un enfant en adoption à partir de cette date, celle-ci bénéficiera alors de la PAJE.

• ***Le montant de l'allocation d'adoption (ADA)***

Pour l'année 2004, son montant mensuel est fixé à 161,66 €.

• ***Les conditions de ressources***

L'allocation d'adoption est versée aux personnes dont les ressources ne dépassent pas un certain plafond. La limite de l'allocation est fixée selon la situation familiale. Il dépend des revenus des époux ainsi que du nombre d'enfants à charge.

Conditions de ressources pour l'année 2004 :

Un couple avec un seul revenu

- avec un enfant : 17 948 €
- avec deux enfants : 21 538 €
- avec trois enfants : 25 845 €
- pour chaque enfant en plus : 4 307 €

Parent isolé ou couple avec deux revenus

- avec un enfant : 23 719 €
- avec deux enfants : 27 309 €
- avec trois enfants : 31 616 €
- et pour chaque enfant en plus : 4 307 €

La durée du versement
L'allocation est versée pour chaque enfant adopté ou recueilli pendant vingt et un mois à partir du premier jour du mois civil qui suit leur arrivée au foyer.

Le cumul avec d'autres allocations
L'allocation d'adoption se cumule avec l'allocation pour jeune enfant pendant neuf mois maximum :
- si l'enfant est âgé de quatre mois à trois ans à son arrivée au foyer.
- s'il a moins de quatre mois, jusqu'à son 12e mois seulement.

À noter
À partir du 10e mois, une seule de ces deux allocations dont le montant est équivalent, sera versée.

Attention
L'allocation d'adoption ne se cumule pas avec le complément familial, ni avec l'allocation de soutien familial, sauf pour un autre enfant.

Si vous pouvez aussi être bénéficiaire de l'allocation parentale d'éducation, seule la plus élevée des deux allocations pourra être perçue.

Les pièces à fournir
Vous devez justifier soit du jugement d'adoption français, soit de l'attestation de placement délivrée par l'Aide sociale à l'enfance.

Pour un enfant adopté à l'étranger :
- une copie certifiée conforme de la décision étrangère compétente accompagnée de sa traduction ;
- une copie certifiée conforme du passeport de l'enfant et du visa de long séjour qui vous a été délivré par la MAI avant d'entrer en France ;
- une copie certifiée conforme de l'agrément.

Attention
Il vous faudra également justifier de vos ressources.

Enfant adopté ou accueilli en vue de son adoption après le 1er janvier 2004

Toute personne qui adopte ou accueille en vue de son adoption un ou plusieurs enfant(s) âgé(s) de moins de vingt ans depuis le 1er janvier 2004 peut bénéficier des nouvelles allocations.

- ***Le montant des prestations d'accueil du jeune enfant (PAJE)***

La prime à l'adoption

Pour l'année 2004, le montant de la prime à l'adoption s'élève à 808,31 €. Elle est versée pour chaque enfant adopté ou accueilli en vue de son adoption après le 1er janvier 2004, en une seule fois, au plus tard dans le mois qui suit l'arrivée de l'enfant dans sa famille si l'adoption a déjà fait l'objet d'une décision de justice, ou dans le mois qui suit le jugement d'adoption si ce dernier n'est prononcé qu'après l'arrivée de l'enfant au foyer.

L'allocation de base

Pour l'année 2004, le montant de l'allocation de base est de 161,66 € par mois.

Cette allocation de base est versée pour chaque enfant adopté ou accueilli en vue de son adoption après le 1er janvier 2004, mais seulement à compter du mois d'arrivée de l'enfant dans sa famille ou du mois de jugement d'adoption si l'enfant a été accueilli antérieurement au jugement d'adoption. Elle est versée pendant une période maximale de 3 ans, quel que soit l'âge de l'enfant, mais dans la limite de ses 20 ans.

En cas d'adoption multiple simultanée, l'allocation de base est versée pour chaque enfant.

◆ ***Les conditions de ressources***

La PAJE est versée aux personnes dont les ressources ne dépassent pas un certain plafond. La limite de l'allocation est fixée selon la situation familiale et dépend des revenus des époux ainsi que du nombre d'enfants à charge.

Nombre d'enfants à charge	Plafond de ressources 2004	
	Couple avec un seul revenu	Parent isolé ou couple avec deux revenus
1 enfant	24 588 €	32 493 €
2 enfants	29 506 €	37 411 €
3 enfants	35 407 €	43 312 €
Par enfant en plus	5 901 €	5 901 €

Les bénéficiaires des prestations d'accueil du jeune enfant doivent fournir les justificatifs correspondant au type d'adoption.

Pièces à fournir

Pour les enfants adoptés ou recueillis en vue d'une adoption sur le territoire français, il est obligatoire de fournir l'un des deux documents suivants : la copie du jugement d'adoption ou l'attestation du service de l'Aide sociale à l'enfance ou de l'organisme d'adoption agréé justifiant la date du placement de l'enfant ainsi que le nom de la famille d'accueil.

Pour les enfants adoptés à l'étranger, il est obligatoire de fournir les trois documents suivants :

- la copie de la décision d'adoption de l'autorité étrangère compétente accompagnée de sa traduction étrangère ;

- la copie du passeport ou la copie du visa de l'enfant sur lequel est apposée la mention de la MAI ;
- la copie de l'agrément ASE.

Cumul avec d'autres prestations

L'allocation de base est cumulable avec l'allocation de présence parentale, mais l'allocation de base n'est pas cumulable avec le complément familial.

➤ Livret de famille

En ce qui concerne l'adoption plénière, l'enfant adopté est inscrit sur le livret de famille de ses parents adoptifs comme s'il était né d'eux.

Pour l'adoption simple, le décret du 16 septembre 1997 prévoit l'inscription de l'enfant simplement adopté sur le livret de famille des époux qui l'ont adopté ou de l'adoptant.

En revanche, dès lors que l'adopté simple conserve sa filiation biologique, son adoption doit être mentionnée sur le livret de famille détenu par ses parents par le sang, ainsi que le nom de ses adoptants.

LES CAS DE RÉVOCATION DE L'ADOPTION

L'adoption est une filiation d'élection : une personne ou un couple « choisissent » de faire leur un enfant (ou une personne adulte en cas d'adoption simple), soit parce qu'ils le connaissent, afin de renforcer un lien d'affection existant, soit parce qu'ils désirent faire entrer dans leur foyer un ou plusieurs enfants, souvent très jeunes, qu'ils ne connaissent pas mais qui correspond(ent) à leurs attentes, afin de l'élever comme un enfant biologique.

Or, lorsque cette volonté se manifeste, même si l'adopté est connu des adoptants ou s'il correspond à leurs désirs, malgré la procédure de placement exigée pour l'adoption plénière et l'appréciation de l'intérêt de l'enfant par le juge lors du prononcé de l'adoption, l'échec d'une adoption n'est pas à exclure. La question se pose alors de la révocation de l'adoption.

RÉVOCABILITÉ DE L'ADOPTION SIMPLE

L'adoption simple est révocable seulement s'il existe des motifs graves (art. 370, C. civ.). Cette révocation peut être demandée par l'adoptant ou l'adopté. Si l'adopté est mineur, la révocation peut être demandée par le ministère public.

L'appréciation des motifs graves est essentiellement guidée par le constat d'échec de l'adoption et l'opportunité de son maintien.

Exemples

- *La révocation d'une adoption simple a été admise par les juges qui ont constaté entre l'adoptant et l'adoptée, l'absence totale d'affection réciproque, invoquée également par ces derniers, opposés d'ailleurs dans le cadre d'un conflit grave sur le mode de vie de l'adoptée, ce qui emportait pour conséquence que l'adoption, vécue comme une contrainte, n'avait plus lieu d'être (CA Limoges, 21.11.1996, Dr. famille 1997, comm. n° 136).*
- *De même, a pu être considéré comme motif grave au sens de la loi le comportement agressif de l'adopté (refus d'autorité, violence et actes de délinquance - CA Dijon, 28.1.1997, JCP 1997, IV, 1978).*
- *La cour d'appel de Bordeaux a confirmé la révocation d'une adoption simple prononcée en première instance entre une jeune fille mineure et sa mère adoptive estimant que le fait, pour l'adoptée, de tenir de manière habituelle et en public des propos fortement désobligeants à propos de sa mère était incompatible avec le maintien du lien de filiation ainsi établi (CA Bordeaux, 7.3.2002, Dr. famille 2002, comm. n° 83).*
- *En revanche, ne constitue pas un motif grave la mésentente entre la compagne de l'adoptant et l'adopté (TGI Paris, 28.5.1996, Dalloz 1997, somm. p. 162).*

Mais l'appréciation par les juges des motifs graves ne repose pas simplement sur l'échec d'une adoption, surtout lorsqu'elle est internationale. Le caractère irrévocable doit être pris en compte par les personnes qui désirent adopter, ce qui explique l'existence de la procédure d'agrément dont le but est la réussite de l'adoption.

Exemple

Les juges ont ainsi refusé la demande (qui émanait de la mère en instance de divorce) de révocation de l'adoption simple de deux enfants polonais prononcée à l'égard du couple, au motif que les difficultés d'intégration de ces enfants âgés de treize et dix ans constituaient un risque qui a été accepté par les époux qui ne s'étaient pas renseignés sur leur vie antérieure. Le risque de l'échec, qui a été accepté par les adoptants ne constitue pas dans ces conditions un motif grave au sens de l'article 370 du Code civil (CA Rennes, 10.5.1999, JDJ 2000, n° 196, p. 56).

Enfin, la personne qui dépose une requête en adoption en poursuivant un but étranger à l'adoption ne peut se prévaloir de sa propre fraude pour demander la révocation pour motifs graves, alors même que l'adoption est un échec, dès lors que cette personne est consciente des conséquences de son acte.

Exemple

Une femme avait ainsi adopté un jeune homme, lors de la procédure elle avait prétendu avoir des sentiments d'affection à son égard et le considérer comme son fils. Il s'agissait en fait d'une manœuvre destinée à contourner une loi sur les baux ruraux en privant un couple de fermiers de leurs droits d'héritage. Elle avait ensuite demandé la révocation de l'adoption en expliquant qu'elle n'avait jamais eu l'intention de créer un quelconque lien avec cette personne. Elle a été déboutée de sa demande, la requête en adoption ayant en fait un but étranger à l'adoption qu'elle prétendait faire (C. cass., 19.11.1991).

Le jugement révoquant l'adoption simple doit être motivé. Il est mentionné en marge de l'acte de naissance ou dans la transcription d'un jugement d'adoption par le procureur de la République dans les quinze jours suivant l'expiration du délai des voies de recours.

IRRÉVOCABILITÉ DE L'ADOPTION PLÉNIÈRE

Le lien de filiation adoptif se substitue de manière non rétroactive à la filiation par le sang : l'adoption plénière est donc irrévocable (art. 359, C. civ).

L'adoption plénière produit ses effets au jour du dépôt de la requête en adoption (art. 355, C. civ.). Mais le jugement d'adoption ne sera complètement et définitivement irrévocable qu'à l'expiration des délais de recours dont pourraient user les personnes intéressées.

À noter

Depuis la loi du 5 juillet 1996, l'adoption plénière peut cependant être révoquée lorsque des motifs graves le justifient et être convertie en adoption simple (art. 360, C. civ.).

Les parents adoptifs ont les mêmes droits que les parents biologiques. Toutefois, ils ne peuvent consentir à l'adoption de l'enfant qu'ils ont eux-mêmes adoptés plénièrement.

Le caractère irrévocable de l'adoption plénière ne peut ainsi être détourné par les parents adoptifs.

Exemple

Des parents avaient ainsi remis l'enfant qu'ils avaient adoptés à l'Aide sociale à l'enfance afin qu'il acquiert le statut de pupille de l'État et qu'il puisse ainsi être à nouveau adopté. Ils se sont vus opposer un refus par l'Administration. La cour administrative d'appel a débouté les parents de leur demande visant à annuler la décision de refus de l'ASE d'accueillir cet enfant en tant que pupille de l'État. Les juges ont considéré qu'une telle démarche pouvait constituer un détournement du caractère irrévocable de l'adoption. La cour administrative d'appel de Bordeaux a déclaré valable le procès-verbal du refus d'admission au titre de pupille de l'État d'un enfant remis par ses parents qui l'avaient adopté plénièrement (CAA Bordeaux, 17.11.1997, Dr. famille 1998, comm. n° 84).

LE CAS PARTICULIER DE LA SECONDE ADOPTION

La question s'est posée de savoir si un enfant pouvait être sujet d'une seconde adoption.

➤ Le principe

Dès lors qu'un enfant fait l'objet d'une adoption simple ou plénière, la règle selon laquelle nul ne peut faire l'objet d'une adoption par deux personnes si ce n'est par deux époux s'applique (art. 346, C. civ.). Dès lors, un enfant adopté, quelle que soit la forme de l'adoption, ne devrait pas en principe pouvoir être adopté une deuxième fois.

➤ Les assouplissements

Cependant, la loi autorise dans certains cas une deuxième adoption, soit après le décès de l'adoptant ou des deux adoptants, ou de l'un des deux adoptants en cas d'adoption par deux époux, seulement si l'adoption est demandée par le nouveau conjoint du parent adoptif survivant (art. 346 al. 2, C. civ.). Cette possibilité vaut pour les deux types d'adoption : deux adoptions simples, une adoption simple après une adoption plénière, deux adoptions plénières, une adoption plénière après une adoption simple.

Attention

Une cour d'appel a considéré que l'article 346 du Code civil ne devait plus s'appliquer en cas de décès de l'un des parents adoptifs, la loi de 1996 intégrée dans le Code civil sous l'article 345-1 prévoyant la possibilité d'adopter plénièrement l'enfant de son conjoint dans trois situations :

– lorsque l'enfant n'a de filiation légalement établie qu'à l'égard de ce conjoint ;
– lorsque l'autre parent que le conjoint s'est vu retirer totalement l'autorité parentale ;
– lorsque l'autre parent que le conjoint est décédé et n'a pas laissé d'ascendant au premier degré ou lorsque ceux-ci se sont manifestement désintéressés de l'enfant (CA Paris, 23.5.1996, JCP 1997, 3 996).

Une possibilité est également offerte sur le fondement de l'article 360 alinéa 2 du Code civil : procéder à l'adoption simple d'un enfant ayant déjà été adopté plénièrement, à la seule condition que cette adoption soit justifiée par des motifs graves. Cette prérogative doit rester exceptionnelle, c'est pourquoi l'appréciation des motifs graves par les juges est stricte.

Exemples

• *Une décision de la cour d'appel de Poitiers a permis l'adoption simple par leur beau-père de deux enfants qui avaient déjà fait l'objet d'une adoption plénière par le premier époux de leur mère adoptive. La cour d'appel a considéré ici que l'absence de toute vie familiale avec le premier mari de la mère qui ne les a jamais considéré comme ses enfants constituait des motifs graves au sens de l'article 360 alinéa 2 du Code civil (CA Poitiers, 20.5.2001, Dalloz 2002, jurisprudence p. 1874).*

• *En revanche, la cour d'appel de Paris a confirmé la décision du tribunal de grande instance d'Évry refusant l'adoption simple d'une jeune fille par la seconde épouse de son père adoptif, les motifs graves n'étant pas jugés constitués. En dépit d'une séparation rapide des parents adoptifs de la jeune fille deux ans après le jugement d'adoption plénière, cette dernière résidait chez sa mère qui avait obtenu le droit de garde. L'adoption simple ne se justifiait donc pas par un échec de la première adoption (TGI Paris, 16.1.2003, RTDC 2003, chron. p. 280, Jean Hauser).*

MODÈLES

Demande d'agrément au président du conseil général

Nom
Adresse
Code postal, ville

M. le Président du conseil général
Bureau des adoptions
Adresse
Code postal, ville

Ville, date,

Lettre simple

Monsieur le Président du conseil général,

Demande exercée par :

- *Une personne seule :*
J'ai l'honneur de vous adresser une demande d'agrément en vue d'adoption, conformément à l'article 1er du décret du 1er septembre 1998. Actuellement, *(décrire précisément la situation matrimoniale),* avec ... enfants/ sans enfant à charge, j'envisage d'adopter ... enfant(s).

- *Un couple marié :*
Nous avons l'honneur de vous adresser une demande d'agrément en vue d'adoption, conformément à l'article 1er du décret du 1er septembre 1998. Actuellement nous sommes mariés *(préciser le nombre d'enfants à charge si vous en avez)* et nous envisageons d'adopter ... enfant(s).

Je souhaiterais recevoir les informations nécessaires et participer aux réunions que vous organisez dans notre département.

Je vous remercie par avance et vous prie d'agréer l'expression de toute ma considération.

Signature

Recours gracieux devant le président du conseil général

(même si la personne qui a signé la décision a reçu une délégation de pouvoir par le président du conseil général.)

Nom
Adresse
Code postal, ville

M. le Président du conseil général
Bureau des adoptions
Adresse
Code postal, ville

Ville, date,

Lettre simple

Monsieur le Président du conseil général,

J'ai effectué une demande d'agrément en vue d'adopter un enfant *(préciser si c'est en tant que personne célibataire ou en couple)* le *(date)*.

Le *(date)*, j'ai pris connaissance du refus de l'octroi d'agrément pour les raisons suivantes *(énoncer les raisons qui vous sont données dans le rapport)*.

Je conteste cette décision pour les motifs suivants *(énoncer les points que vous contester et expliquer les raisons de votre désaccord)*.

Pour toutes ces raisons, je souhaiterais obtenir l'annulation de la décision de refus d'agrément.

Je vous remercie par avance et vous prie d'agréer l'expression de toute ma considération.

Signature

Lettre de confirmation de l'agrément

(à effectuer tous les ans, en pratique, avant la date anniversaire de la décision d'agrément.)

Nom
Adresse
Code postal, ville

M. le Président du conseil général
Bureau des adoptions
Adresse
Code postal, ville

Ville, date,

Lettre simple

Monsieur le Président du conseil général,

J'ai effectué une demande d'agrément en vue d'adopter ... enfant(s) *(préciser si c'est en tant que personne célibataire ou en couple)* le *(date)*.

Le *(date)*, j'ai pris connaissance de la décision d'octroi d'agrément pour ... enfant(s) *(préciser le nombre)*.

À ce jour, je n'ai encore accueilli à mon domicile aucun enfant en vue de son adoption.

Je vous confirme que je maintiens ma demande d'adoption, et vous précise que je souhaite (ou ne souhaite pas) adopter un pupille de l'État *(précision obligatoire)*.

Je vous remercie par avance et vous prie d'agréer l'expression de toute ma considération.

Signature

Attestation sur l'honneur

(à envoyer en même temps que la confirmation de la demande d'adoption.)

Nom
Adresse
Code postal, ville

M. le Président du conseil général
Bureau des adoptions
Adresse
Code postal, ville

Ville, date,

Lettre simple

Monsieur le Président du conseil général,

Personne célibataire : Je soussigné(e),
Couple marié : Nous soussignés,
- M.
- Mme
demeurant

soit : déclare (déclarons) sur l'honneur que ma (notre) situation familiale n'a pas changé depuis l'année dernière. Je suis (nous sommes) toujours dans la situation familiale suivante *(décrire la situation).*

soit : déclare (déclarons) sur l'honneur que ma (notre) situation familiale a changé depuis l'année dernière. En effet, depuis le *(date),* je suis (nous sommes) *(décrire la situation familiale et présenter les éléments nouveaux : mariage, divorce, naissance d'un enfant, etc.).*

Je (nous) vous remercie (remercions) par avance et vous prie (nous prions) d'agréer l'expression de toute ma (notre) considération.

Signature

Déclaration de recueil d'un enfant étranger

Nom
Adresse
Code postal, ville

M. le Président du conseil général
Bureau des adoptions
Adresse
Code postal, ville

Ville, date,

Lettre simple

Monsieur le Président du conseil général,

Suite à l'obtention de l'agrément nécessaire pour l'adoption d'un enfant étranger conformément à l'article L. 225-15 du Code de l'action sociale et des familles, je vous informe par la présente que depuis le *(date)*, j'ai accueilli à mon domicile un enfant étranger en vue de son adoption.

Je vous remercie par avance et vous prie d'agréer l'expression de toute ma considération.

Signature

Recours pour excès de pouvoir devant le tribunal administratif

Nom
Adresse
Code postal, ville

M. le Président du tribunal administratif
Adresse
Code postal, ville

Ville, date,

Lettre simple ou lettre recommandée avec avis de réception ou déposée aux greffes contre décharge

Monsieur le Président du tribunal administratif,

J'ai l'honneur de demander l'annulation pour excès de pouvoir de la décision rendue par le président du conseil général me refusant l'agrément en vue d'adoption en date du *(date)* pour la raison suivante *(énoncez l'objet de la contestation : la décision contestée est la première décision rendue par le président du conseil général si vous n'avez pas exercé de recours gracieux, sinon c'est toujours la décision explicite ou implicite de rejet confirmant le maintien du refus).*

J'ai effectué une demande d'agrément en vue d'adopter un enfant *(préciser en tant que personne célibataire ou en couple)* le *(date).*

Le *(date),* le président du conseil général m'a adressé une décision de refus d'agrément pour les motifs suivants *(énoncer les motifs).*

J'ai contesté cette décision auprès du président du conseil général par l'exercice d'un recours gracieux en date du *(date)* pour les raisons suivantes *(expliquer pourquoi vous n'êtes pas d'accord avec la décision).*

Le président du conseil général a maintenu sa décision de refus dans une décision en date du *(date à laquelle vous avez eu connaissance de la décision ou date de la décision implicite de rejet)* pour les raisons suivantes *(énoncez éventuellement les nouvelles raisons qui fondent le maintien du rejet de la décision d'agrément).*

J'estime que cette décision est illégale. Au soutien de ma demande, j'invoque les arguments suivants :
- *exposer les faits à l'origine du refus d'agrément :* l'agrément m'a été refusé parce que... *(raisons du refus : personne célibataire homosexuelle, conditions matérielles ou psychologiques insuffisantes, etc.) ;*
- *étayer votre contestation par une argumentation juridique qui fonde l'annulation de la décision :* aux termes de la loi *(citer les articles, lois ou décrets...),* je remplis les conditions pour adopter et le refus qui m'est opposé... *(la contestation doit être fondée sur une règle de droit et ne doit pas porter que sur une appréciation de faits).*

Par ces motifs, je vous demande d'annuler la décision du président du conseil général.

Je vous remercie par avance et vous prie d'agréer l'expression de toute ma considération.

Signature

Pièces jointes :
- Autant de photocopies de la lettre que de parties, ajoutées de deux.
- La photocopie de la décision écrite contestée en autant d'exemplaires que de parties, ajoutées de deux.
- Les pièces qui servent éventuellement de preuves à l'appui de la demande, ainsi qu'une liste de ces pièces.

La date de la requête retenue est la date de réception par le greffe.

Lettre de demande de candidature à un OAA

Nom
Adresse
Code postal, ville

M. (ou Mme) le Président
de l'organisme d'adoption agréé
(nom de l'OAA)
Adresse
Code postal, ville

Ville, date,

Lettre simple

Monsieur (ou Madame) le Président de l'organisme pour l'adoption agréé (nom de l'OAA),

J'ai l'honneur de vous adresser une demande de candidature d'adoption. Je suis actuellement dans la situation suivante *(préciser votre situation familiale : marié(e) ou célibataire, avec ou sans enfant à charge, votre âge, votre profession).*
Titulaire de l'agrément administratif, j'envisage l'adoption *(préciser si c'est seul ou en couple)* par l'intermédiaire de votre organisme, de ... enfant(s), de sexe *(préciser le nombre et le sexe, et s'ils vous sont indifférents, le mentionner),* de préférence âgé(s) de *(si l'âge vous est indifférent, le préciser aussi).*
Je désire adopter un enfant parce que *(exposer les motivations de l'adoption).*

C'est pourquoi je souhaite obtenir les renseignements nécessaires à la constitution d'un dossier de candidature.

Je vous remercie par avance et vous prie d'agréer l'expression de toute ma considération.

Signature

Congé pour séjour à l'étranger en vue d'une adoption

Nom
Adresse
Code postal, ville

Nom de l'employeur
Adresse
Code postal, ville

Ville, date,
(à envoyer au moins quinze jours avant la date de départ)

Lettre recommandée avec demande d'avis de réception ou lettre remise en main propre contre décharge

Madame, Monsieur *(nom de l'employeur)*,

J'ai l'honneur de vous informer qu'en vue de l'adoption d'un enfant à l'étranger, je souhaite bénéficier du congé spécifique qui m'est accordé par l'article L. 122-28-10 du Code du travail et qui m'autorise à me rendre en *(nom du pays)* pour une durée de *(dans la limite de six semaines)*, à partir du ... et jusqu'au ...

Je vous remercie par avance de votre réponse et vous prie d'agréer l'expression de toute ma considération.

Signature

Pièce jointe : Copie de l'agrément administratif.

Saisine de la CADA

Nom
Adresse
Code postal, ville

M. le Président de la CADA
35, rue Saint-Dominique
75007 Paris

Ville, date,

Lettre recommandée avec avis de réception

Monsieur le Président,

J'ai demandé au service social de *(nom et lieu et de l'administration)* le *(date)*, la communication de *(indiquer le type de document : le dossier de pupille de l'État ou une pièce seulement du dossier)*.

La communication de ce document m'a été refusée au motif que *(préciser les raisons du refus : demande de secret du parent...)*.

Je conteste ce refus, en vertu du droit qui m'est accordé par la loi du 17 juillet 1978 et qui me donne accès à tout document administratif. Au titre d'ancien pupille de l'État, je souhaite consulter ce document *(préciser le type de document et les circonstances de la demande)*.

Je souhaiterais que vous interveniez auprès de cette administration afin qu'il soit fait droit à ma demande.

Je vous remercie par avance et vous prie d'agréer l'expression de toute ma considération.

Signature

Congé d'adoption

Nom
Adresse
Code postal, ville

Nom de l'employeur
Adresse
Code postal, ville

Ville, date,
(à envoyer au moins quinze jours avant la date de départ)

Lettre recommandée avec demande d'avis de réception ou lettre remise en main propre contre décharge

Madame (Monsieur),

J'ai l'honneur de vous informer qu'en vue de l'adoption d'un enfant, je cesserai mon travail à partir du *(date)* afin de bénéficier du congé d'adoption qui m'est accordé par l'article L. 122-26 du Code du travail.

L'arrivée de l'enfant au sein de mon foyer doit avoir lieu le *(date)*, je reprendrai mon travail le *(date)*, soit dix semaines après.

Je vous remercie par avance et vous prie d'agréer l'expression de toute ma considération.

Signature

Inscription de l'enfant à la Sécurité sociale

Nom
Adresse
Code postal, ville

Centre de Sécurité sociale
Adresse
Code postal, ville

Ville, date,

Madame, Monsieur,

Depuis le *(date)*, j'ai accueilli à mon foyer un enfant placé par le service de l'Aide sociale à l'enfance en vue de son adoption.
J'ai l'honneur de vous demander de bien vouloir prendre en charge cet enfant au titre de l'assurance maladie afin qu'il bénéficie des remboursements de frais de maladie.

Je vous remercie par avance et vous prie d'agréer l'expression de toute ma considération.

Signature

Pièces jointes :
- Photocopie de la carte de Sécurité sociale.
- Copie de l'attestation de placement de l'Aide sociale à l'enfance.

Demande d'accès aux origines personnelles

Nom
Adresse
Code postal, ville

Secrétariat général du Conseil national
pour l'accès aux origines personnelles
10-16, rue Brancion
75015 Paris

ou

Monsieur le Président du conseil général
Bureau des adoptions
Adresse
Code postal, ville

Ville, date

Lettre simple

Monsieur le Président du conseil national pour l'accès aux origines personnelles,
ou Monsieur le Président du conseil général,

J'ai l'honneur de vous adresser une demande d'accès à mes origines personnelles.

Je suis né(e) le *(date de naissance)* à *(nom de l'établissement et lieu de naissance)*. J'ai été adopté(e) le *(date)* dans telles circonstances *(énoncer toutes les circonstances connues : remise par les parents ou toute autre personne à un service de l'Aide sociale ou à un organisme agréé habilité pour l'adoption, nom de cet organisme...)*.

Je désirerais avoir accès à mes origines personnelles. En effet, ma mère (et/ou mon père) ont effectué une demande expresse de secret de leur identité lors de *(énoncer les conditions : abandon avec demande de secret avant le premier anniversaire ou accouchement sous X avec demande de secret, et préciser éventuellement les démarches déjà effectuées auprès du service social ou de l'organisme qui vous a recueilli, ou si vous avez saisi la CADA... ainsi que les renseignements trouvés).*

Je vous remercie par avance et vous prie d'agréer, Madame (Monsieur) l'expression de toute ma considération.

Signature

ADRESSES UTILES

• Mission de l'adoption internationale (MAI)
244, boulevard Saint-Germain
75303 Paris 07 SP
Tél. : 01 43 17 90 90
Site Internet : www.france.diplomatie.fr/mai

• Ministère des Affaires étrangères
Bureau des légalisations
34, rue La Pérouse
75775 Paris Cedex 16
Tél. : 01 43 17 64 64 ou 01 43 17 70 68

• Commission d'accès aux documents administratifs (CADA)
35, rue Saint-Dominique
75700 Paris 07 SP
Tél. : 01 42 75 79 99
Site Internet : www.cada.fr

• Conseil national d'accès aux origines personnelles (CNAOP)
Secrétariat général du Conseil national
pour l'accès aux origines personnelles
CNAOP
10-16, rue Brancion
75015 Paris
Tél. : 01 40 56 72 17

• Coordination des actions pour le droit à la connaissance des origines (CADCO)
43, rue Liancourt
75014 Paris
Tél. : 01 43 22 05 48
Site Internet : www.cadco.asso.fr

• Fédération Enfance et famille d'adoption
221, rue Lafayette
75010 Paris
Tél. : 01 40 05 57 70
Site Internet : www.adoptionefa.com

- **La Famille adoptive française**
90, rue de Paris
92100 Boulogne-Billancourt
Tél. : 01 48 25 61 86
Site Internet : www.afaf.org

- **Association Des Mères de l'ombre (AMO)**
17, rue Chaperon
33500 Libourne
Tél. : 05 57 51 24 27
Site Internet : http://perso.wanadoo.fr/amo-buron

- **Enfance Majuscule - Fédération des comités Alexis-Danan**
2, place Bir-Hakeim
92100 Boulogne Billancourt
Tél. : 01 46 21 47 09

TEXTES DE LOI

CODE CIVIL

Chapitre I - De l'adoption plénière

Section I - Des conditions requises pour l'adoption plénière

Art. 343. L'adoption peut être demandée par deux époux non séparés de corps, mariés depuis plus de deux ans ou âgés l'un et l'autre de plus de vingt-huit ans.

Art. 343-1. L'adoption peut être aussi demandée par toute personne âgée de plus de vingt-huit ans.
Si l'adoptant est marié et non séparé de corps, le consentement de son conjoint est nécessaire à moins que ce conjoint ne soit dans l'impossibilité de manifester sa volonté.

Art. 343-2. La condition d'âge prévue à l'article précédent n'est pas exigée en cas d'adoption de l'enfant du conjoint.

Art. 344. Les adoptants doivent avoir quinze ans de plus que les enfants qu'ils se proposent d'adopter. Si ces derniers sont les enfants de leur conjoint, la différence d'âge exigée n'est que de dix ans.
Toutefois, le tribunal peut, s'il y a de justes motifs, prononcer l'adoption lorsque la différence d'âge est inférieure à celles que prévoit l'alinéa précédent.

Art. 345. L'adoption n'est permise qu'en faveur des enfants âgés de moins de quinze ans, accueillis au foyer du ou des adoptants depuis au moins six mois.
Toutefois, si l'enfant a plus de quinze ans et a été accueilli avant d'avoir atteint cet âge par des personnes qui ne remplissaient pas les conditions légales pour adopter ou s'il a fait l'objet d'une adoption simple avant d'avoir atteint cet âge, l'adoption plénière pourra être demandée, si les conditions en sont remplies, pendant la minorité de l'enfant et dans les deux ans suivant sa majorité.
S'il a plus de treize ans, l'adopté doit consentir personnellement à son adoption plénière.

Art. 345-1. L'adoption plénière de l'enfant du conjoint est permise :

1° Lorsque l'enfant n'a de filiation légalement établie qu'à l'égard de ce conjoint ;

2° Lorsque l'autre parent que le conjoint s'est vu retirer totalement l'autorité parentale ;

3° Lorsque l'autre parent que le conjoint est décédé et n'a pas laissé d'ascendants au premier degré ou lorsque ceux-ci se sont manifestement désintéressés de l'enfant.

Art. 346. Nul ne peut être adopté par plusieurs personnes si ce n'est par deux époux.
Toutefois, une nouvelle adoption peut être prononcée soit après décès de l'adoptant, ou des deux adoptants, soit encore après décès de l'un des deux adoptants, si la demande est présentée par le nouveau conjoint du survivant d'entre eux.

Art. 347. Peuvent être adoptés :

1° Les enfants pour lesquels les père et mère ou le conseil de famille ont valablement consenti à l'adoption ;

2° Les pupilles de l'État ;

3° Les enfants déclarés abandonnés dans les conditions prévues par l'article 350.

Art. 348. Lorsque la filiation d'un enfant est établie à l'égard de son père et de sa mère, ceux-ci doivent consentir l'un et l'autre à l'adoption.
Si l'un des deux est mort ou dans l'impossibilité de manifester sa volonté, s'il a perdu ses droits d'autorité parentale, le consentement de l'autre suffit.

Art. 348-1. Lorsque la filiation d'un enfant n'est établie qu'à l'égard d'un de ses auteurs, celui-ci donne le consentement à l'adoption.

Textes de loi

Art. 348-2. Lorsque les père et mère de l'enfant sont décédés, dans l'impossibilité de manifester leur volonté ou s'ils ont perdu leurs droits d'autorité parentale, le consentement est donné par le conseil de famille, après avis de la personne qui, en fait, prend soin de l'enfant.

Il en est de même lorsque la filiation de l'enfant n'est pas établie.

Art. 348-3. Le consentement à l'adoption est donné devant le greffier en chef du tribunal d'instance du domicile ou de la résidence de la personne qui consent, ou devant un notaire français ou étranger, ou devant les agents diplomatiques ou consulaires français. Il peut également être reçu par le service de l'aide sociale à l'enfance lorsque l'enfant lui a été remis.

Le consentement à l'adoption peut être rétracté pendant deux mois. La rétractation doit être faite par lettre recommandée avec demande d'avis de réception adressée à la personne ou au service qui a reçu le consentement à l'adoption. La remise de l'enfant à ses parents sur demande même verbale vaut également preuve de la rétractation.

Si à l'expiration du délai de deux mois, le consentement n'a pas été rétracté, les parents peuvent encore demander la restitution de l'enfant à condition que celui-ci n'ait pas été placé en vue de l'adoption. Si la personne qui l'a recueilli refuse de le rendre, les parents peuvent saisir le tribunal qui apprécie, compte tenu de l'intérêt de l'enfant, s'il y a lieu d'en ordonner la restitution. La restitution rend caduc le consentement à l'adoption.

Art. 348-4. Lorsque les père et mère ou le conseil de famille consentent à l'adoption de l'enfant en le remettant au service de l'aide sociale à l'enfance ou à un organisme autorisé pour l'adoption, le choix de l'adoptant est laissé au tuteur avec l'accord du conseil de famille des pupilles de l'État ou du conseil de famille de la tutelle organisée à l'initiative de l'organisme autorisé pour l'adoption.

Art. 348-5. Sauf le cas où il existe un lien de parenté ou d'alliance jusqu'au sixième degré inclus entre l'adoptant et l'adopté, le consentement à l'adoption des enfants de moins de deux ans n'est valable que si l'enfant a été effectivement remis au service de l'aide sociale à l'enfance ou à un organisme autorisé pour l'adoption.

Art. 348-6. Le tribunal peut prononcer l'adoption s'il estime abusif le refus de consentement opposé par les parents légitimes et naturels ou par l'un d'entre eux seulement, lorsqu'ils se sont désintéressés de l'enfant au risque d'en compromettre la santé ou la moralité.

Il en est de même en cas de refus abusif de consentement du conseil de famille.

Art. 349. Pour les pupilles de l'État dont les parents n'ont pas consenti à l'adoption, le consentement est donné par le conseil de famille de ces pupilles.

Art. 350. L'enfant recueilli par un particulier, un établissement ou un service de l'aide sociale à l'enfance, dont les parents se sont manifestement désintéressés pendant l'année qui précède l'introduction de la demande en déclaration d'abandon, est déclaré abandonné par le tribunal de grande instance sauf le cas de grande détresse des parents et sans préjudice des dispositions du quatrième alinéa. La demande en déclaration d'abandon est obligatoirement transmise par le particulier, l'établissement ou le service de l'aide sociale à l'enfance qui a recueilli l'enfant à l'expiration du délai d'un an dès lors que les parents se sont manifestement désintéressés de l'enfant.

Sont considérés comme s'étant manifestement désintéressés de leur enfant les parents qui n'ont pas entretenu avec lui les relations nécessaires au maintien de liens affectifs.

La simple rétractation du consentement à l'adoption, la demande de nouvelles ou l'intention exprimée mais non suivie d'effet de reprendre l'enfant n'est pas une marque d'intérêt suffisante pour motiver de plein droit le rejet d'une demande en déclaration d'abandon. Ces démarches n'interrompent pas le délai figurant au premier alinéa. L'abandon n'est pas déclaré si, au cours du délai prévu au premier alinéa du présent article, un membre de la famille a demandé à assumer la charge de l'enfant et si cette demande est jugée conforme à l'intérêt de ce dernier.

Lorsqu'il déclare l'enfant abandonné, le tribunal délègue par la même décision les droits d'autorité parentale sur l'enfant au service de l'aide sociale à l'enfance, à l'établissement ou au particulier qui a recueilli l'enfant ou à qui ce dernier a été confié.

La tierce opposition n'est recevable qu'en cas de dol, de fraude ou d'erreur sur l'identité de l'enfant.

Section II - Du placement en vue de l'adoption plénière et du jugement d'adoption plénière

Art. 351. Le placement en vue de l'adoption est réalisé par la remise effective aux futurs adoptants d'un enfant pour lequel il a été valablement et définitivement consenti à l'adoption, d'un pupille de l'État ou d'un enfant déclaré abandonné par décision judiciaire.

Lorsque la filiation de l'enfant n'est pas établie, il ne peut y avoir de placement en vue de l'adoption pendant un délai de deux mois à compter du recueil de l'enfant.

Le placement ne peut avoir lieu lorsque les parents ont demandé la restitution de l'enfant tant qu'il n'a pas été statué sur le bien-fondé de cette demande à la requête de la partie la plus diligente.

Art. 352. Le placement en vue de l'adoption met obstacle à toute restitution de l'enfant à sa famille d'origine. Il fait échec à toute déclaration de filiation et à toute reconnaissance.

Si le placement en vue de l'adoption cesse ou si le tribunal a refusé de prononcer l'adoption, les effets de ce placement sont rétroactivement résolus.

Art. 353. L'adoption est prononcée à la requête de l'adoptant par le tribunal de grande instance qui vérifie dans un délai de six mois à compter de la saisine du tribunal si les conditions de la loi sont remplies et si l'adoption est conforme à l'intérêt de l'enfant.

Dans le cas où l'adoptant a des descendants le tribunal vérifie en outre si l'adoption n'est pas de nature à compromettre la vie familiale.

Si l'adoptant décède, après avoir régulièrement recueilli l'enfant en vue de son adoption, la requête peut être présentée en son nom par le conjoint survivant ou l'un des héritiers de l'adoptant.

Si l'enfant décède après avoir été régulièrement recueilli en vue de son adoption, la requête peut toutefois être présentée. Le jugement produit effet le jour précédant le décès et emporte uniquement modification de l'état civil de l'enfant.

Le jugement prononçant l'adoption n'est pas motivé.

Art. 353-1. Dans le cas d'adoption d'un pupille de l'État, d'un enfant remis à un organisme autorisé pour l'adoption ou d'un enfant étranger qui n'est pas l'enfant du conjoint de l'adoptant, le tribunal vérifie avant de prononcer l'adoption que le ou les requérants ont obtenu l'agrément pour adopter ou en étaient dispensés.

Si l'agrément a été refusé ou s'il n'a pas été délivré dans le délai légal, le tribunal peut prononcer l'adoption s'il estime que les requérants sont aptes à accueillir l'enfant et que celle-ci est conforme à son intérêt.

Art. 353-2. La tierce opposition à l'encontre du jugement d'adoption n'est recevable qu'en cas de dol ou de fraude imputable aux adoptants.

Art. 354. *(L. n° 2002-304 du 4.3.2002, en vigueur depuis le 1.1.2005).*
Dans les quinze jours de la date à laquelle elle est passée en force de chose jugée, la décision prononçant l'adoption plénière est transcrite sur les registres de l'état civil du lieu de naissance de l'adopté, à la requête du procureur de la République.
Lorsque l'adopté est né à l'étranger, la décision est transcrite sur les registres du service central d'état civil du ministère des affaires étrangères.
La transcription énonce le jour, l'heure et le lieu de la naissance, le sexe de l'enfant ainsi que ses, nom de famille et prénoms, tels qu'ils résultent du jugement d'adoption, les prénoms, noms, date et lieu de naissance, profession et domicile du ou des adoptants. Elle ne contient aucune indication relative à la filiation réelle de l'enfant.
La transcription tient lieu d'acte de naissance à l'adopté.
L'acte de naissance originaire conservé par un officier de l'état civil français et, le cas échéant, l'acte de naissance établi en application de l'article 58 sont, à la diligence du procureur de la République, revêtus de la mention « adoption » et considérés comme nuls.

Section III - Des effets de l'adoption plénière

Art. 355. L'adoption produit ses effets à compter du jour du dépôt de la requête en adoption.

Art. 356. L'adoption confère à l'enfant une filiation qui se substitue à sa filiation d'origine : l'adopté cesse d'appartenir à sa famille par le sang, sous réserve des prohibitions au mariage visées aux articles 161 à 164.
Toutefois l'adoption de l'enfant du conjoint laisse subsister sa filiation d'origine à l'égard de ce conjoint et de sa famille. Elle produit, pour le surplus, les effets d'une adoption par deux époux.

Art. 357. *(L. n° 2002-304 du 4.3.2002, en vigueur depuis le 1.1.2005).*
L'adoption confère à l'enfant le nom de l'adoptant.
En cas d'adoption par deux époux, le nom conféré à l'enfant est déterminé en application des règles énoncées à l'article 311-21.
Sur la demande du ou des adoptants, le tribunal peut modifier les prénoms de l'enfant.
Si l'adoptant est une femme mariée ou un homme marié, le tribunal peut, dans le jugement d'adoption, décider, à la demande de l'adoptant, que le nom de son conjoint, sous réserve du consentement de celui-ci, sera conféré à l'enfant. Le tribunal peut également, à la demande de l'adoptant et sous réserve du consentement de son conjoint, conférer à l'enfant les noms accolés des époux dans l'ordre choisi par eux et dans la limite d'un nom de famille pour chacun d'eux.
Si le mari ou la femme de l'adoptant est décédé ou dans l'impossibilité de manifester sa volonté, le tribunal apprécie souverainement après avoir consulté les héritiers du défunt ou ses successibles les plus proches.

Art. 357-1. Les dispositions de l'article 311-21 sont applicables à l'enfant qui a fait l'objet d'une adoption régulièrement prononcée à l'étranger ayant en France les effets de l'adoption plénière.
Les adoptants exercent l'option qui leur est ouverte par cet article lors de la demande de transcription du jugement d'adoption, par déclaration adressée au procureur de la République du lieu où cette transcription doit être opérée.
Lorsque les adoptants sollicitent l'exequatur du jugement d'adoption étran-

ger, ils joignent la déclaration d'option à leur demande. Mention de cette déclaration est portée dans la décision.
La mention du nom choisi est opérée à la diligence du procureur de la République, dans l'acte de naissance de l'enfant.

Art. 358. L'adopté a, dans la famille de l'adoptant, les mêmes droits et les mêmes obligations qu'un enfant dont la filiation est établie en application du titre VII du présent livre.

Art. 359. L'adoption est irrévocable.

Chapitre II - De l'adoption simple

Section I - Des conditions requises et du jugement

Art. 360. *(L. n° 96-604 du 5.7.96).* L'adoption simple est permise quel que soit l'âge de l'adopté.
S'il est justifié de motifs graves, l'adoption simple d'un enfant ayant fait l'objet d'une adoption plénière est permise.
Si l'adopté est âgé de plus de treize ans, il doit consentir personnellement à l'adoption.

Art. 361. *(L. n° 2002-304 du 4.3.2002).* Les dispositions des articles 343 à 344, 346 à 350, 353, 353-1, 353-2, 355 et des deux derniers alinéas de l'article 357 sont applicables à l'adoption simple.

Art. 362. *(L. n° 66-500 du 11.7.66).* Dans les quinze jours de la date à laquelle elle est passée en force de chose jugée, la décision prononçant l'adoption simple est mentionnée ou transcrite sur les registres de l'état civil à la requête du procureur de la République.

Section II - Des effets de l'adoption simple

Art. 363. *(L. n° 2003-516 du 18.6.2003).* L'adoption simple confère le nom de l'adoptant à l'adopté en l'ajoutant au nom de ce dernier.
Lorsque l'adopté et l'adoptant, ou l'un d'entre eux, portent un double nom de famille, le nom conféré à l'adopté résulte de l'adjonction du nom de l'adoptant à son propre nom, dans la limite d'un nom pour chacun d'eux. Le choix appartient à l'adoptant, qui doit recueillir le consentement de l'adopté âgé de plus de treize ans. En cas de désaccord ou à défaut de choix, le nom conféré à l'adopté résulte de l'adjonction du premier nom de l'adoptant au premier nom de l'adopté.
En cas d'adoption par deux époux, le nom ajouté au nom de l'adopté est, à la demande des adoptants, soit celui du mari, soit celui de la femme, dans la limite d'un nom pour chacun d'eux et, à défaut d'accord entre eux, le premier nom du mari. Si l'adopté porte un double nom de famille, le choix du nom conservé appartient aux adoptants, qui doivent recueillir le consentement de l'adopté âgé de plus de treize ans. En cas de désaccord ou à défaut de choix, le nom des adoptants retenu est ajouté au premier nom de l'adopté.
Le tribunal peut, toutefois, à la demande de l'adoptant, décider que l'adopté ne portera que le nom de l'adoptant. En cas d'adoption par deux époux, le nom de famille substitué à celui de l'adopté peut, au choix des adoptants, être soit celui du mari, soit celui de la femme, soit les noms accolés des époux dans l'ordre choisi par eux et dans la limite d'un seul nom pour chacun d'eux. Cette demande peut également être formée postérieurement à l'adoption. Si l'adopté est âgé de plus de treize ans, son consentement personnel à cette substitution du nom de famille est nécessaire.

Art. 363-1. *(L. n° 2002-304 du 4.3.2002).* Les dispositions de l'article 363 sont applicables à l'enfant ayant fait l'objet d'une adoption régulièrement prononcée à l'étranger ayant en France les effets d'une adoption simple, lorsque l'acte de naissance de l'adopté est conservé par une autorité française.

Les adoptants exercent l'option qui leur est ouverte par cet article par déclaration adressée au procureur de la République du lieu où l'acte de naissance est conservé à l'occasion de la demande de mise à jour de celui-ci.

La mention du nom choisi est portée à la diligence du procureur de la République dans l'acte de naissance de l'enfant.

Art. 364. *(L. n° 66-500 du 11.7.66).* L'adopté reste dans sa famille d'origine et y conserve tous ses droits, notamment ses droits héréditaires.

Les prohibitions au mariage prévues aux articles 161 à 164 du présent code s'appliquent entre l'adopté et sa famille d'origine.

Art. 365. *(L. n° 2002-305 du 4.3.2002).* L'adoptant est seul investi à l'égard de l'adopté de tous les droits d'autorité parentale, inclus celui de consentir au mariage de l'adopté, à moins qu'il ne soit le conjoint du père ou de la mère de l'adopté ; dans ce cas, l'adoptant a l'autorité parentale concurremment avec son conjoint, lequel en conserve seul l'exercice, sous réserve d'une déclaration conjointe avec l'adoptant devant le greffier en chef du tribunal de grande instance aux fins d'un exercice en commun de cette autorité. Les droits d'autorité parentale sont exercés par le ou les adoptants dans les conditions prévues par le chapitre Ier du titre IX du présent livre.

Les règles de l'administration légale et de la tutelle des mineurs s'appliquent à l'adopté.

Art. 366. *(L. n° 96-604 du 5.7.96).* Le lien de parenté résultant de l'adoption s'étend aux enfants de l'adopté.

Le mariage est prohibé :

1° Entre l'adoptant, l'adopté et ses descendants ;

2° Entre l'adopté et le conjoint de l'adoptant ; réciproquement entre l'adoptant et le conjoint de l'adopté ;

3° Entre les enfants adoptifs du même individu ;

4° Entre l'adopté et les enfants de l'adoptant.

Néanmoins, les prohibitions au mariage portées aux 3° et 4° ci-dessus peuvent être levées par dispense du président de la République, s'il y a des causes graves.

La prohibition au mariage portée au 2° ci-dessus peut être levée dans les mêmes conditions lorsque la personne qui a créé l'alliance est décédée.

Art. 367. *(L. n° 66-500 du 11.7.66).* L'adopté doit des aliments à l'adoptant s'il est dans le besoin et, réciproquement, l'adoptant doit des aliments à l'adopté.

L'obligation de se fournir des aliments continue d'exister entre l'adopté et ses père et mère. Cependant les père et mère de l'adopté ne sont tenus de lui fournir des aliments que s'il ne peut les obtenir de l'adoptant.

Art. 368. *(L. n° 2002-305 du 4.3.2002).* L'adopté et ses descendants ont, dans la famille de l'adoptant, les droits successoraux prévus au chapitre III du titre Ier du livre III.

L'adopté et ses descendants n'ont cependant pas la qualité d'héritier réservataire à l'égard des ascendants de l'adoptant.

Art. 368-1. *(L. n° 66-500 du 11.7.66).* Si l'adopté meurt sans descendants, les biens donnés par l'adoptant ou recueillis dans sa succession retournent à l'adoptant ou à ses descendants, s'ils existent encore en nature lors du décès de l'adopté, à charge de contribuer aux dettes et sous réserve des droits acquis par les tiers. Les biens que l'adopté avait reçus à titre gratuit de ses père et mère retournent pareillement à ces derniers ou à leurs descendants.

Le surplus des biens de l'adopté se divise par moitié entre la famille d'origine et la famille de l'adoptant, sans préjudice des droits du conjoint sur l'ensemble de la succession.

Art. 369. *(L. n° 66-500 du 11.7.66).* L'adoption conserve tous ses effets, nonobstant l'établissement ultérieur d'un lien de filiation.

Art. 370. *(L. n° 96-604 du 5.7.96).* S'il est justifié de motifs graves, l'adoption peut être révoquée, à la demande de l'adoptant ou de l'adopté, ou, lorsque ce dernier est mineur, à celle du ministère public.

La demande de révocation faite par l'adoptant n'est recevable que si l'adopté est âgé de plus de quinze ans.

Lorsque l'adopté est mineur, les père et mère par le sang ou, à leur défaut, un membre de la famille d'origine jusqu'au degré de cousin germain inclus, peuvent également demander la révocation.

Art. 370-1. *(L. n° 66-500 du 11.7.66).* Le jugement révoquant l'adoption doit être motivé.

Son dispositif est mentionné en marge de l'acte de naissance ou de la transcription du jugement d'adoption, dans les conditions prévues à l'article 362.

Art. 370-2. *(L. n° 66-500 du 11.7.66).* La révocation fait cesser pour l'avenir tous les effets de l'adoption.

Textes de loi

CODE DE L'ACTION SOCIALE ET DES FAMILLES

Chapitre 4 - Pupilles de l'État

Section 1 - Organes chargés de la tutelle

Art. L. 224-1. Les organes chargés de la tutelle des pupilles de l'État mentionnée au présent chapitre sont le représentant de l'État dans le département, qui exerce la fonction de tuteur et peut se faire représenter, et le conseil de famille des pupilles de l'État ; la tutelle des pupilles de l'État ne comporte pas de juge de tutelle ni de subrogé tuteur.
Le tuteur et le conseil de famille des pupilles de l'État exercent les attributions conférées à ces organes selon le régime de droit commun. À cette fin, le conseil de famille doit examiner au moins une fois par an la situation de chaque pupille. Avant toute décision du président du conseil général relative au lieu et au mode de placement des pupilles de l'État, l'accord du tuteur et celui du conseil de famille doivent être recueillis, ainsi que l'avis du mineur dans les conditions prévues à l'article L. 223-4. Le mineur capable de discernement est, en outre, entendu par le tuteur, ou son représentant, et par le conseil de famille, ou l'un de ses membres désignés par lui à cet effet.
Lorsque le mineur se trouve dans une situation de danger manifeste, le tuteur, ou son représentant, prend toutes les mesures d'urgence que l'intérêt de celui-ci exige.

Art. L. 224-2. Chaque conseil de famille comprend :
- des représentants du conseil général désignés par cette assemblée, sur proposition de son président ;
- des membres d'associations à caractère familial, notamment issus de l'union départementale des associations familiales, d'associations d'assistants maternels et d'associations de pupilles et anciens pupilles de l'État choisis par le représentant de l'État dans le département sur des listes de présentation établies par lesdites associations ;
- des personnalités qualifiées désignées par le représentant de l'État dans le département.

Le conseil de famille est renouvelé par moitié. Le mandat de ses membres est de six ans. Il est renouvelable une fois. Ses membres assurant la représentation d'associations peuvent se faire remplacer par leur suppléant.
Les membres du conseil de famille sont tenus au secret professionnel selon les prescriptions des articles 226-13 et 226-14 du Code pénal.
La composition et les règles de fonctionnement du ou des conseils de famille institués dans le département sont fixées par voie réglementaire.

Art. L. 224-3. Les décisions et délibérations de toute nature du conseil de famille des pupilles de l'État sont soumises aux voies de recours applicables au régime de la tutelle de droit commun.

Section 2 - Admission en qualité de pupille de l'État

Art. L. 224-4. Sont admis en qualité de pupille de l'État :

1° Les enfants dont la filiation n'est pas établie ou est inconnue, qui ont été recueillis par le service de l'aide sociale à l'enfance depuis plus de deux mois ;

2° Les enfants dont la filiation est établie et connue, qui ont expressément été remis au service de l'aide sociale à l'enfance en vue de leur admission comme

pupilles de l'État par les personnes qui ont qualité pour consentir à leur adoption, depuis plus de deux mois ;
3° Les enfants dont la filiation est établie et connue, qui ont expressément été remis au service de l'aide sociale à l'enfance depuis plus de six mois par leur père ou leur mère en vue de leur admission comme pupilles de l'État et dont l'autre parent n'a pas fait connaître au service, pendant ce délai, son intention d'en assumer la charge ; avant l'expiration de ce délai de six mois, le service s'emploie à connaître les intentions de l'autre parent ;
4° Les enfants orphelins de père et de mère pour lesquels la tutelle n'est pas organisée selon le chapitre II du titre X du livre Ier du Code civil et qui ont été recueillis par le service de l'aide sociale à l'enfance depuis plus de deux mois ;
5° Les enfants dont les parents ont fait l'objet d'un retrait total de l'autorité parentale en vertu des articles 378 et 378-1 du Code civil et qui ont été recueillis par le service de l'aide sociale à l'enfance en application de l'article 380 dudit code ;
6° Les enfants recueillis par le service de l'aide sociale à l'enfance en application de l'article 350 du Code civil.

Art. L. 224-5. Lorsqu'un enfant est recueilli par le service de l'aide sociale à l'enfance dans les cas mentionnés aux 1°, 2°, 3° et 4° de l'article L. 224-4, un procès-verbal est établi.
Il doit être mentionné au procès-verbal que les parents à l'égard de qui la filiation de l'enfant est établie, la mère ou le père de naissance de l'enfant ou la personne qui remet l'enfant ont été informés :
1° Des mesures instituées, notamment par l'État, les collectivités territoriales et les organismes de sécurité sociale pour aider les parents à élever eux-mêmes leurs enfants ;
2° Des dispositions du régime de la tutelle des pupilles de l'État suivant le présent chapitre ;
3° Des délais et conditions suivant lesquels l'enfant pourra être repris par ses père ou mère ;
4° De la possibilité de laisser tous renseignements concernant la santé des père et mère, les origines de l'enfant, les raisons et les circonstances de sa remise au service de l'aide sociale à l'enfance.
De plus, lorsque l'enfant est remis au service par ses père ou mère, selon les 2° ou 3° de l'article L. 224-4, ceux-ci doivent être invités à consentir à son adoption ; le consentement est porté sur le procès-verbal ; celui-ci doit également mentionner que les parents ont été informés des délais et conditions dans lesquels ils peuvent rétracter leur consentement, selon les deuxième et troisième alinéas de l'article 348-3 du Code civil.

Art. L. 224-6. L'enfant est déclaré pupille de l'État à titre provisoire à la date à laquelle est établi le procès-verbal prévu à l'article L. 224-5. La tutelle est organisée à compter de la date de cette déclaration.
Toutefois, dans un délai de deux mois suivant la date à laquelle il a été déclaré pupille de l'État à titre provisoire, l'enfant peut être repris immédiatement et sans aucune formalité par celui de ses père ou mère qui l'avait confié au service. Ce délai est porté à six mois, dans le cas prévu au 3° de l'article L. 224-4 pour celui des père ou mère qui n'a pas confié l'enfant au service.
Au-delà de ces délais, la décision d'accepter ou de refuser la restitution d'un pupille de l'État est, sous réserve des dispositions de l'article 352 du Code civil, prise par le tuteur, avec l'accord du conseil de famille. En cas de refus, les demandeurs peuvent saisir le tribunal de grande instance.

Art. L. 224-7. Les renseignements et le pli fermé mentionnés à l'article L. 222-6, ainsi que l'identité des personnes qui ont levé le secret, sont conservés sous la responsabilité du président du conseil général qui les transmet au Conseil national pour l'accès aux origines personnelles, sur la demande de celui-ci.

Sont également conservées sous la responsabilité du président du conseil général les demandes et déclarations transmises par le Conseil national pour l'accès aux origines personnelles en application de l'article L. 147-4.

Les renseignements concernant la santé des père et mère de naissance, les origines de l'enfant, les raisons et circonstances de sa remise au service de l'aide à l'enfance, ainsi que l'identité des père et mère de naissance, s'ils ont levé le secret de leur identité, sont tenus à la disposition de l'enfant majeur, de ses représentants légaux ou de lui-même avec l'accord de ceux-ci s'il est mineur, de son tuteur s'il est majeur placé sous tutelle, de ses descendants en ligne directe majeurs s'il est décédé.

Art. L. 224-8. L'admission en qualité de pupille de l'État peut faire l'objet d'un recours, formé dans le délai de trente jours suivant la date de l'arrêté du président du conseil général devant le tribunal de grande instance, par les parents, en l'absence d'une déclaration judiciaire d'abandon ou d'un retrait total de l'autorité parentale, par les alliés de l'enfant ou toute personne justifiant d'un lien avec lui, notamment pour avoir assuré sa garde, de droit ou de fait, et qui demandent à en assumer la charge.

S'il juge cette demande conforme à l'intérêt de l'enfant, le tribunal confie sa garde au demandeur, à charge pour ce dernier de requérir l'organisation de la tutelle, ou lui délègue les droits de l'autorité parentale et prononce l'annulation de l'arrêté d'admission.

Dans le cas où il rejette le recours, le tribunal peut autoriser le demandeur, dans l'intérêt de l'enfant, à exercer un droit de visite dans les conditions qu'il détermine.

Section 3 - Statut des pupilles

Art. L. 224-9. Les deniers des pupilles de l'État sont confiés au trésorier-payeur général.

Le tuteur peut autoriser, au profit du pupille, le retrait de tout ou partie des fonds lui appartenant.

Les revenus des biens et capitaux appartenant aux pupilles sont perçus au profit du département jusqu'à leur majorité, à titre d'indemnité d'entretien et dans la limite des prestations qui leur ont été allouées. Lors de la reddition des comptes, le tuteur, à son initiative ou à la demande du conseil de famille, peut proposer, avec l'accord de ce dernier, au président du conseil général toute remise jugée équitable à cet égard.

Les héritiers, autres que les frères et sœurs élevés eux-mêmes par le service, qui se présentent pour recueillir la succession d'un pupille, doivent rembourser au département les frais d'entretien du pupille, déduction faite des revenus que le département avait perçus.

Lorsqu'aucun héritier ne se présente, les biens des pupilles de l'État décédés sont recueillis par le département et utilisés pour l'attribution de dons ou de prêts aux pupilles et anciens pupilles de l'État.

Les biens du tuteur ne sont pas soumis à l'hypothèque légale instituée à l'article 2121 du Code civil.

Art. L. 224-10. Lorsque les père ou mère d'un ancien pupille sont appelés à sa succession, ils sont tenus, dans la limite de l'actif net qu'ils recueillent dans cette succession, d'effectuer au département le remboursement des frais d'entretien de l'enfant, à moins qu'ils n'aient obtenu la remise de l'enfant pendant sa minorité, ou que le président du conseil général ne leur accorde une exonération totale ou partielle dudit remboursement.

Art. L. 224-11. L'association départementale d'entraide entre les pupilles et anciens pupilles de l'État participe à l'effort d'insertion sociale des personnes admises ou ayant été admises dans le service de l'aide sociale à l'enfance. À cet effet, elle peut notamment leur attribuer des secours, primes diverses et prêts d'honneur.

Ses ressources sont constituées par les cotisations de ses membres, les subventions du département, des communes, de l'État, les dons et legs.

Le conseil d'administration comporte deux membres des conseils de famille des pupilles de l'État.

Section 4 - Dispositions communes

Art. L. 224-12. Sont déterminées par décrets en Conseil d'État :

1° La composition et les règles de fonctionnement du ou des conseils de famille institués dans le département en application de l'article L. 224-2.

2° Les conditions de recueil des renseignements mentionnés au 4° de l'article L. 224-5.

.../...

Chapitre 5 - Adoption

Section 1 - Adoption des pupilles de l'État

Art. L. 225-1. Les enfants admis en qualité de pupilles de l'État en application des articles L. 224-4 et L. 224-8 doivent faire l'objet d'un projet d'adoption dans les meilleurs délais. Lorsque le tuteur considère que l'adoption n'est pas adaptée à la situation de l'enfant, il doit indiquer ses motifs au conseil de famille. Le conseil de famille, sur le rapport du service de l'aide sociale à l'enfance, s'assure de la validité de ces motifs qui doit être confirmée à l'occasion de l'examen annuel de la situation de l'enfant.

La définition du projet d'adoption, simple ou plénière suivant les circonstances particulières à la situation de l'enfant ainsi que le choix des adoptants éventuels sont assurés par le tuteur, avec l'accord du conseil de famille ; le mineur capable de discernement est préalablement entendu par le tuteur ou son représentant et par le conseil de famille ou l'un de ses membres désignés par lui à cet effet.

Les dossiers des enfants pour lesquels aucun projet d'adoption n'est formé plus de six mois après leur admission en qualité de pupille de l'État sont, sous forme non nominative, communiqués obligatoirement au ministre chargé de la famille par le tuteur qui indique les raisons de cette situation.

Art. L. 225-2. Les pupilles de l'État peuvent être adoptés soit par les personnes à qui le service de l'aide sociale à l'enfance les a confiés pour en assurer la garde lorsque les liens affectifs qui se sont établis entre eux justifient cette mesure, soit par des personnes agréées à cet effet, soit, si tel est l'intérêt desdits pupilles, par des personnes dont l'aptitude à les accueillir a été régulièrement constatée dans un État autre que la France, en cas d'accord international engageant à cette fin ledit État.

L'agrément est accordé, pour cinq ans, dans un délai de neuf mois à compter du jour de la demande, par le président du conseil général après avis d'une commission dont la composition est fixée par voie réglementaire.

Texte de loi

Art. L. 225-3. Les personnes qui demandent l'agrément bénéficient des dispositions de l'article L. 223-1.
Elles peuvent demander que tout ou partie des investigations effectuées pour l'instruction du dossier soient accomplies une seconde fois et par d'autres personnes que celles auxquelles elles avaient été confiées initialement. Elles sont informées du déroulement de ladite instruction et peuvent prendre connaissance de tout document figurant dans leur dossier dans les conditions fixées aux articles 3 et 4 de la loi n° 78-753 du 17 juillet 1978 portant diverses mesures d'amélioration des relations entre l'administration et le public et diverses dispositions d'ordre administratif, social et fiscal.

Art. L. 225-4. Tout refus ou retrait d'agrément doit être motivé.

Art. L. 225-5. Après un refus ou un retrait d'agrément, le délai à partir duquel une nouvelle demande peut être déposée est de trente mois.

Art. L. 225-6. Lorsque les personnes agréées changent de département, leur agrément demeure valable sous réserve d'une déclaration préalable adressée au président du conseil général de leur nouveau département de résidence. Lorsque des personnes à qui un refus ou un retrait d'agrément a été notifié changent de département de résidence, ce refus ou retrait leur demeure opposable.

Art. L. 225-7. Les décisions relatives à l'agrément mentionné à l'article L. 225-2 sont transmises sans délai par le président du conseil général au ministre chargé de la famille.

Art. L. 225-8. Toute personne membre de la commission mentionnée au deuxième alinéa de l'article L. 225-2 a droit à des autorisations d'absence de la part de son employeur pour participer aux réunions de cette instance.

Si la personne mentionnée au premier alinéa est fonctionnaire ou assimilée, ce droit s'exerce conformément à l'article 59 de la loi n° 84-53 du 26 janvier 1984 portant dispositions statutaires relatives à la fonction publique territoriale et à l'article 45 de la loi n° 86-33 du 9 janvier 1986 portant dispositions statutaires relatives à la fonction publique hospitalière. S'agissant des agents de la fonction publique de l'État, les modalités d'exercice de ce droit sont déterminées par les dispositions statutaires qui leur sont applicables.

Si la personne mentionnée au premier alinéa est salariée, ces autorisations ne peuvent être refusées que dans les conditions prévues aux deuxième et troisième alinéas de l'article L. 211-13. En outre, si elle assure la représentation d'une association affiliée à l'une des unions mentionnées à l'article L. 211-3, son employeur bénéficie des dispositions prévues au dernier alinéa de l'article L. 211-13. Si elle représente l'association mentionnée au premier alinéa de l'article L. 224-11, cette dernière rembourse à l'employeur le maintien de son salaire.

Art. L. 225-9. Le département accorde une aide financière sous condition de ressources aux personnes adoptant un enfant dont le service de l'aide sociale à l'enfance leur avait confié la garde.

Art. L. 225-10. Le Gouvernement présente au Parlement, tous les trois ans à compter du 1er janvier 1997, un rapport relatif à l'adoption indiquant notamment, par année et par département, le nombre d'agréments demandés, accordés, refusés ou retirés, le nombre de pupilles de l'État et le nombre d'adoptions et de placements en vue d'adoption les concernant.

Section 2 - Organismes autorisés et habilités pour l'adoption

Art. L. 225-11. Tout organisme, personne morale de droit privé, qui sert d'intermédiaire pour l'adoption ou le placement en vue d'adoption de mineurs de quinze ans, doit avoir obtenu une autorisation préalable d'exercer cette activité auprès du président du conseil général de chaque département dans lequel elle envisage de placer les mineurs concernés.

Toutefois, l'organisme autorisé dans un département au minimum peut servir d'intermédiaire pour l'adoption ou le placement en vue de l'adoption de mineurs de quinze ans dans d'autres départements, sous réserve d'adresser préalablement une déclaration de fonctionnement au président de chaque conseil général concerné. Le président du conseil général peut à tout moment interdire dans son département l'activité de l'organisme si celui-ci ne présente pas de garanties suffisantes pour assurer la protection des enfants, de leurs parents ou des futurs adoptants.

Art. L. 225-12. Les organismes autorisés doivent obtenir une habilitation du ministre chargé des affaires étrangères pour exercer leur activité au profit de mineurs étrangers.

Art. L. 225-13. Les décisions d'autorisation ou d'interdiction d'exercer prises au titre de l'article L. 225-11 sont transmises par le président du conseil général au ministre chargé de la famille et, le cas échéant, au ministre chargé des affaires étrangères.

Art. L. 225-14. Les œuvres d'adoption sont réputées être titulaires des autorisations prévues au premier alinéa de l'article L. 225-11 dans tous les départements où elles étaient autorisées à exercer leur activité au 10 janvier 1986.

Art. L. 225-14-1. Les organismes autorisés et habilités pour l'adoption communiquent les dossiers individuels qu'ils détiennent aux intéressés qui leur en font la demande dans les conditions prévues par la loi n° 78-753 du 17 juillet 1978 portant diverses mesures d'amélioration des relations entre l'administration et le public et diverses dispositions d'ordre administratif, social et fiscal.

Art. L. 225-14-2. Les dispositions de la loi n° 79-18 du 3 janvier 1979 relative aux archives s'appliquent aux archives des organismes autorisés et habilités pour l'adoption.
Lorsqu'un organisme autorisé et habilité pour l'adoption cesse ses activités, les dossiers des enfants qui lui ont été remis sont transmis au président du conseil général et conservés sous sa responsabilité.

Section 3 - Adoption internationale

Art. L. 225-15. Les personnes qui accueillent, en vue de son adoption, un enfant étranger doivent avoir obtenu l'agrément prévu aux articles L. 225-2 à L. 225-7.

Art. L. 225-16. À la demande ou avec l'accord de l'adoptant, le mineur adopté ou placé en vue d'adoption bénéficie d'un accompagnement par le service de l'aide sociale à l'enfance ou par l'organisme mentionné à l'article L. 225-11 pendant une durée de six mois minimum à compter de son arrivée au foyer et dans tous les cas jusqu'au prononcé de l'adoption plénière en France ou jusqu'à la transcription du jugement étranger. Cet accompagnement peut être prolongé à la demande ou avec l'accord de l'adoptant.

Art. L. 225-17. Est puni d'un an d'emprisonnement et d'une amende de 15 000 € le fait d'exercer l'activité d'in-

Textes de loi

termédiaire pour l'adoption ou le placement en vue de l'adoption de mineurs de quinze ans sans avoir obtenu l'autorisation préalable prévue au premier alinéa de l'article L. 225-11 ou malgré une interdiction d'exercer.

Les personnes physiques coupables des infractions prévues au présent article encourent également la peine complémentaire d'interdiction, suivant les modalités de l'article 131-27 du Code pénal, d'exercer l'activité professionnelle d'accueil, d'hébergement ou de placement de mineurs.

Art. L. 225-18. Un décret en Conseil d'État fixe les modalités d'application du présent chapitre et notamment des articles L. 225-1 à L. 225-7.

.../...

Chapitre 7 - Conseil national pour l'accès aux origines personnelles

Art. L. 147-1. Un Conseil national, placé auprès du ministre chargé des affaires sociales, est chargé de faciliter, en liaison avec les départements et les collectivités d'outre-mer, l'accès aux origines personnelles dans les conditions prévues au présent chapitre.

Il assure l'information des départements, des collectivités d'outre-mer et des organismes autorisés et habilités pour l'adoption sur la procédure de recueil, de communication et de conservation des renseignements visés à l'article L. 147-5, ainsi que sur les dispositifs d'accueil et d'accompagnement des personnes à la recherche de leurs origines, des parents de naissance et des familles adoptives concernés par cette recherche ainsi que sur l'accueil et l'accompagnement des femmes demandant le bénéfice des dispositions de l'article L. 222-6.

Il émet des avis et formule toutes propositions utiles relatives à l'accès aux origines personnelles. Il est consulté sur les mesures législatives et réglementaires prises dans ce domaine.

Il est composé d'un magistrat de l'ordre judiciaire, d'un membre de la juridiction administrative, de représentants des ministres concernés, d'un représentant des conseils généraux, de trois représentants d'associations de défense des droits des femmes, d'un représentant d'associations de familles adoptives, d'un représentant d'associations de pupilles de l'État, d'un représentant d'associations de défense du droit à la connaissance de ses origines, et de deux personnalités que leurs expériences et compétences professionnelles médicales, paramédicales ou sociales qualifient particulièrement pour l'exercice de fonctions en son sein.

Art. L. 147-2. Le Conseil national pour l'accès aux origines personnelles reçoit :

1° La demande d'accès à la connaissance des origines de l'enfant formulée :

- s'il est majeur, par celui-ci ;
- s'il est mineur, par son ou ses représentants légaux ou par lui-même avec l'accord de ceux-ci ;
- s'il est majeur placé sous tutelle, par son tuteur ;
- s'il est décédé, par ses descendants en ligne directe majeurs ;

2° La déclaration de la mère ou, le cas échéant, du père de naissance par laquelle chacun d'entre eux autorise la levée du secret de sa propre identité ;

3° Les déclarations d'identité formulées par leurs ascendants, leurs descendants et leurs collatéraux privilégiés ;

4° La demande du père ou de la mère de naissance s'enquérant de leur recherche éventuelle par l'enfant.

Art. L. 147-3. La demande d'accès à la connaissance de ses origines est formulée par écrit auprès du Conseil national pour l'accès aux origines personnelles ou du président du conseil général ; elle peut être retirée à tout moment dans les mêmes formes.

Le père ou la mère de naissance qui font une déclaration expresse de levée du secret ou les ascendants, descendants ou collatéraux privilégiés du père ou de la mère de naissance qui font une déclaration d'identité sont informés que cette déclaration ne sera communiquée à la personne concernée que si celle-ci fait elle-même une demande d'accès à ses origines.

Art. L. 147-4. Le conseil communique au président du conseil général copie de l'ensemble des demandes et déclarations reçues en application de l'article L. 147-2.

Art. L. 147-5. Pour satisfaire aux demandes dont il est saisi, le conseil recueille copie des éléments relatifs à l'identité :

1° De la femme qui a demandé le secret de son identité et de son admission lors de son accouchement dans un établissement de santé et, le cas échéant, de la personne qu'elle a désignée à cette occasion comme étant l'auteur de l'enfant ;

2° De la ou des personnes qui ont demandé la préservation du secret de leur identité lors de l'admission de leur enfant comme pupille de l'État ou de son accueil par un organisme autorisé et habilité pour l'adoption ;

3° Des auteurs de l'enfant dont le nom n'a pas été révélé à l'officier de l'état civil lors de l'établissement de l'acte de naissance.

Les établissements de santé et les services départementaux ainsi que les organismes autorisés et habilités pour l'adoption communiquent au conseil national, sur sa demande, copie des éléments relatifs à l'identité des personnes mentionnées aux alinéas qui précèdent ainsi que tout renseignement ne portant pas atteinte au secret de cette identité, et concernant la santé des père et mère de naissance, les origines de l'enfant et les raisons et circonstances de sa remise au service de l'aide sociale à l'enfance ou à un organisme autorisé et habilité pour l'adoption.

Pour satisfaire aux demandes dont il est saisi, le conseil recueille également, auprès de l'Autorité centrale pour l'adoption, de la mission de l'adoption internationale ou des organismes autorisés et habilités pour l'adoption, les renseignements qu'ils peuvent obtenir des autorités du pays d'origine de l'enfant en complément des informations reçues initialement.

Art. L. 147-6. Le conseil communique aux personnes mentionnées au 1° de l'article L. 147-2, après s'être assuré qu'elles maintiennent leur demande, l'identité de la mère de naissance :

- s'il dispose déjà d'une déclaration expresse de levée du secret de son identité ;
- s'il n'y a pas eu de manifestation expresse de sa volonté de préserver le secret de son identité, après avoir vérifié sa volonté ;
- si l'un de ses membres ou une personne mandatée par lui a pu recueillir son consentement exprès dans le respect de sa vie privée ;
- si la mère est décédée, sous réserve qu'elle n'ait pas exprimé de volonté contraire à l'occasion d'une demande d'accès à la connaissance des origines de l'enfant. Dans ce cas, l'un des membres du conseil ou une personne mandatée par lui prévient la famille de la mère de naissance et lui propose un accompagnement.

Si la mère de naissance a expressément consenti à la levée du secret de son identité ou, en cas de décès de celle-ci, si elle ne s'est pas opposée à ce que son identité soit communiquée après sa mort, le conseil communique à l'enfant qui a fait une demande d'accès à ses origines personnelles l'identité des personnes visées au 3° de l'article L. 147-2.

Textes de loi

Le conseil communique aux personnes mentionnées au 1° de l'article L. 147-2, après s'être assuré qu'elles maintiennent leur demande, l'identité du père de naissance :

- s'il dispose déjà d'une déclaration expresse de levée du secret de son identité ;
- s'il n'y a pas eu de manifestation expresse de sa volonté de préserver le secret de son identité, après avoir vérifié sa volonté ;
- si l'un de ses membres ou une personne mandatée par lui a pu recueillir son consentement exprès dans le respect de sa vie privée ;
- si le père est décédé, sous réserve qu'il n'ait pas exprimé de volonté contraire à l'occasion d'une demande d'accès à la connaissance des origines de l'enfant. Dans ce cas, l'un des membres du conseil ou une personne mandatée par lui prévient la famille du père de naissance et lui propose un accompagnement.

Si le père de naissance a expressément consenti à la levée du secret de son identité ou, en cas de décès de celui-ci, s'il ne s'est pas opposé à ce que son identité soit communiquée après sa mort, le conseil communique à l'enfant qui a fait une demande d'accès à ses origines personnelles l'identité des personnes visées au 3° de l'article L. 147-2.

Le conseil communique aux personnes mentionnées au 1° de l'article L. 147-2 les renseignements ne portant pas atteinte à l'identité des père et mère de naissance, transmis par les établissements de santé, les services départementaux et les organismes visés au cinquième alinéa de l'article L. 147-5 ou recueillis auprès des père et mère de naissance, dans le respect de leur vie privée, par un membre du conseil ou une personne mandatée par lui.

Art. L. 147-7. L'accès d'une personne à ses origines est sans effet sur l'état civil et la filiation. Il ne fait naître ni droit ni obligation au profit ou à la charge de qui que ce soit.

Art. L. 147-8. Le procureur de la République communique au conseil national, sur sa demande, les éléments figurant dans les actes de naissance d'origine, lorsque ceux-ci sont considérés comme nuls en application de l'article 354 du Code civil.

Sous réserve des dispositions de l'article 6 de la loi n° 51-711 du 7 juin 1951 sur l'obligation, la coordination et le secret en matière de statistiques, les administrations ou services de l'État et des collectivités publiques, les organismes de sécurité sociale et les organismes qui assurent la gestion des prestations sociales sont tenus de réunir et de communiquer au conseil national les renseignements dont ils disposent permettant de déterminer les adresses de la mère et du père de naissance.

Art. L. 147-9. Lorsque, pour l'exercice de sa mission, le conseil national demande la consultation de documents d'archives publiques, les délais prévus au troisième alinéa de l'article 6 et à l'article 7 de la loi n° 79-18 du 3 janvier 1979 sur les archives ne lui sont pas opposables.

Art. L. 147-10. Les personnes participant, à quelque titre que ce soit, aux travaux du conseil sont tenues au secret professionnel dans les conditions et sous les peines fixées par les articles 226-13 et 226-14 du Code pénal.

Art. L. 147-11. Les modalités d'application du présent chapitre sont fixées par décret en Conseil d'État. Le décret relatif aux conditions dans lesquelles sont traités et conservés les informations relatives à l'identité des personnes et les renseignements ne portant pas atteinte au secret de l'identité, en application de l'article L. 147-5, est pris après avis de la Commission nationale de l'informatique et des libertés.

Chapitre 8 - Conseil supérieur de l'adoption et Autorité centrale pour l'adoption internationale

Art. L. 148-1. Il est créé, auprès du Premier ministre, un Conseil supérieur de l'adoption.

Il est composé de parlementaires, de représentants de l'État, de représentants des conseils généraux, de magistrats, de représentants des organismes autorisés ou habilités pour l'adoption, de représentants des associations de familles adoptives, de personnes adoptées et de pupilles de l'État, d'un représentant du service social d'aide aux émigrants, d'un représentant de la mission pour l'adoption internationale, ainsi que de personnalités qualifiées.

Il se réunit à la demande de son président, du garde des sceaux, ministre de la justice, du ministre chargé de la famille, du ministre des affaires étrangères ou de la majorité de ses membres, et au moins une fois par semestre.

Le Conseil supérieur de l'adoption émet des avis et formule toutes propositions utiles relatives à l'adoption, y compris l'adoption internationale. Il est consulté sur les mesures législatives et réglementaires prises en ce domaine.

Les modalités d'application du présent article sont fixées par décret.

Art. L. 148-2. Il est institué auprès du Premier ministre une Autorité centrale pour l'adoption chargée d'orienter et de coordonner l'action des administrations et des autorités compétentes en matière d'adoption internationale.

L'Autorité centrale pour l'adoption est composée de représentants de l'État et des conseils généraux ainsi que de représentants des organismes agréés pour l'adoption et des associations de familles adoptives, ces derniers ayant voix consultative.

Un décret en Conseil d'État précise les conditions d'application du présent article.

Textes de loi

CODE DU TRAVAIL

Art. L. 122-25-2. Aucun employeur ne peut résilier le contrat de travail d'une salariée lorsqu'elle est en état de grossesse médicalement constaté et pendant l'intégralité des périodes de suspension du contrat de travail auxquelles elle a droit en application de l'article L. 122-26, qu'elle use ou non de ce droit, ainsi que pendant les quatre semaines qui suivent l'expiration de ces périodes.
Toutefois, et sous réserve d'observer les dispositions de l'article L. 122-27, il peut résilier le contrat s'il justifie d'une faute grave de l'intéressée, non liée à l'état de grossesse, ou de l'impossibilité où il se trouve, pour un motif étranger à la grossesse, à l'accouchement ou à l'adoption, de maintenir ledit contrat.
Sauf s'il est prononcé pour un des motifs justifiant, par application de l'alinéa précédent, la résiliation du contrat de travail, le licenciement d'une salariée est annulé si, dans un délai de quinze jours à compter de sa notification, l'intéressée envoie à son employeur par lettre recommandée avec demande d'avis de réception, soit un certificat médical justifiant qu'elle est en état de grossesse, soit une attestation justifiant l'arrivée à son foyer, dans un délai de quinze jours, d'un enfant placé en vue de son adoption ; cette attestation est délivrée par le service départemental d'aide sociale à l'enfance ou un organisme autorisé pour l'adoption qui procède au placement.
Les dispositions des précédents alinéas ne font pas obstacle à l'échéance du contrat de travail à durée déterminée.

.../...

Art. L. 122-26. La salariée a le droit de suspendre le contrat de travail pendant une période qui commence six semaines avant la date présumée de l'accouchement et se termine dix semaines après la date de celui-ci.
Lorsque des naissances multiples sont prévues, cette période commence douze semaines avant la date présumée de l'accouchement, vingt-quatre semaines en cas de naissance de plus de deux enfants et se termine vingt-deux semaines après la date de l'accouchement. En cas de naissance de deux enfants, la période antérieure à la date présumée de l'accouchement peut être augmentée d'une durée maximale de quatre semaines ; la période de vingt-deux semaines postérieure à l'accouchement est alors réduite d'autant.
Cette période commence huit semaines avant la date présumée de l'accouchement et se termine dix-huit semaines après le date de celui-ci lorsque, avant l'accouchement, la salariée elle-même ou le ménage assume déjà la charge de deux enfants au moins dans les conditions prévues aux articles L. 512-3 et suivants et L. 521-2 du code de la Sécurité sociale ou lorsque la salariée a déjà mis au monde au moins deux enfants nés viables. La période de huit semaines de suspension du contrat de travail antérieure à la date présumée de l'accouchement peut être augmentée d'une durée maximale de deux semaines ; la période de dix-huit semaines de suspension du contrat de travail postérieure à la date de l'accouchement est alors réduite d'autant.
Quand l'accouchement a lieu avant la date présumée, la période de suspension du contrat de travail pourra être prolongée jusqu'au terme des seize, des vingt-six, des trente-quatre ou des quarante-six semaines de suspension du contrat auxquelles la salariée peut avoir droit.
Si un état pathologique attesté par un certificat médical comme résultant de la grossesse ou des couches le rend nécessaire, la période de suspension du contrat prévue aux alinéas précédents est augmentée de la durée de cet état pathologique dans la limite de

deux semaines avant la date présumée de l'accouchement et de quatre semaines après la date de celui-ci.
Lorsque l'enfant est resté hospitalisé jusqu'à l'expiration de la sixième semaine suivant l'accouchement, la salariée peut reporter à la date de la fin de l'hospitalisation tout ou partie du congé auquel elle peut encore prétendre.
Tout salarié à qui un service départemental d'aide sociale à l'enfance ou un organisme autorisé pour l'adoption confie un enfant en vue de son adoption a le droit de suspendre le contrat de travail pendant une période de dix semaines au plus à dater de l'arrivée de l'enfant au foyer, vingt-deux semaines en cas d'adoptions multiples. Cette période est fixée à dix-huit semaines si l'adoption a pour effet de porter à trois ou plus le nombre d'enfants dont le salarié ou le ménage assume la charge dans les conditions prévues aux articles L. 12-3 et suivants et L. 521-1 du code de la sécurité sociale. La suspension du contrat de travail peut précéder de sept jours calendaires, au plus, l'arrivée de l'enfant au foyer. Les parents salariés bénéficient alors de la protection instituée à l'article L. 122-25-2 du présent code. L'adoption d'un enfant par un couple de parents salariés ouvre droit à onze jours supplémentaires ou, en cas d'adoptions multiples, à dix-huit jours supplémentaires de congé d'adoption à la condition que la durée de celui-ci soit répartie entre les deux parents. En ce cas, la durée du congé ne peut être fractionnée en plus de deux périodes, dont la plus courte ne saurait être inférieure à onze jours. Ces deux périodes peuvent être simultanées.
Les dispositions de l'alinéa précédent sont applicables à la personne salariée titulaire de l'agrément mentionné aux articles L. 225-2 à L. 222-7 ou L. 225-15 du code de l'action sociale et des familles lorsqu'elle adopte ou accueille un enfant en vue de son adoption par décision de l'autorité étrangère compétente, à condition que l'enfant ait été autorisé, à ce titre, à entrer sur le territoire français.
Le père ou la mère avertit l'employeur du motif de son absence et de la date à laquelle il ou elle entend mettre fin à la suspension de son contrat de travail.
Dans le cas où pendant sa grossesse la femme a fait l'objet d'un changement d'affectation dans les conditions prévues au premier alinéa de l'article L. 122-25-1, elle est réintégrée dans l'emploi occupé avant cette affectation lorsqu'elle reprend son travail à l'issue de la période de suspension définie au présent article.

Art. L. 122-26-1. Lors du décès de la mère au cours des périodes définies aux premier et quatrième alinéas de l'article L. 122-26, le père a le droit de suspendre le contrat de travail pendant une période de dix semaines au plus à compter du jour de la naissance de l'enfant. L'intéressé doit avertir son employeur du motif de son absence et de la date à laquelle il entend mettre fin à la suspension de son contrat de travail. Le père bénéficie alors de la protection contre le licenciement instituée à l'article L. 122-25-2.
La suspension du contrat de travail peut être portée à dix-huit ou vingt-deux semaines dans les cas prévus à l'article L. 331-6 du code de la sécurité sociale.

Art. L. 122-26-2. La durée du congé de maternité et du congé d'adoption est assimilée à une période de travail effectif pour la détermination des droits que la salariée ou le salarié tient de son ancienneté.

Art. L. 122-26-3. Toute disposition figurant dans une convention ou un accord collectif de travail et comportant en faveur des salariées en congé de maternité un avantage lié à la naissance est de plein droit applicable aux salariés en congé d'adoption.

Art. L. 122-27. La résiliation du contrat de travail par l'employeur pour l'un des motifs prévus à l'article L. 122-25-2 ne peut prendre effet ou être signifiée pendant la période de suspension prévue à l'article L. 122-26.

Art. L. 122-28. Pour élever son enfant, le salarié peut, sous réserve d'en informer son employeur par lettre recommandée avec demande d'avis de réception au moins quinze jours à l'avance, résilier son contrat de travail à l'issue du congé de maternité ou d'adoption prévu à l'article L. 122-26 ou, le cas échéant, deux mois après la naissance ou l'arrivée au foyer de l'enfant, sans être tenu de respecter le délai de préavis, ni de payer de ce fait une indemnité de rupture. Il peut, dans l'année suivant la rupture de son contrat, solliciter dans les mêmes formes son réembauchage ; l'employeur est alors tenu, pendant un an, de l'embaucher par priorité dans les emplois auxquels sa qualification lui permet de prétendre et de lui accorder, en cas de réemploi, le bénéfice de tous les avantages qu'il avait acquis au moment de son départ.

Art. L. 122-28-1. Pendant la période qui suit l'expiration du congé de maternité ou d'adoption prévu par l'article L. 122-26 ou par une convention ou un accord collectif, tout salarié qui justifie d'une ancienneté minimale d'une année à la date de naissance de son enfant ou de l'arrivée au foyer d'un enfant qui n'a pas encore atteint l'âge de la fin de l'obligation scolaire adopté ou confié en vue de son adoption a le droit soit de bénéficier d'un congé parental d'éducation durant lequel le contrat de travail est suspendu, soit de réduire sa durée de travail sans que cette activité à temps partiel puisse être inférieure à seize heures hebdomadaires.
Le congé parental et la période d'activité à temps partiel prennent fin au plus tard au troisième anniversaire de l'enfant ou, en cas d'adoption d'un enfant de moins de trois ans, à l'expiration d'un délai de trois ans à compter de l'arrivée au foyer de l'enfant. Le congé parental et la période d'activité à temps partiel ont une durée initiale d'un an au plus ; ils peuvent être prolongés deux fois pour prendre fin au plus tard au terme des périodes définies ci-dessus, quelle que soit la date de leur début. Cette possibilité est ouverte au père et à la mère, ainsi qu'aux adoptants.
Lorsque l'enfant adopté ou confié en vue d'adoption est âgé de plus de trois ans, mais n'a pas encore atteint l'âge de la fin de l'obligation scolaire, le congé parental et la période d'activité à temps partiel ne peuvent excéder une année à compter de l'arrivée au foyer.
En cas de maladie, d'accident ou de handicap graves de l'enfant appréciés selon des modalités définies par décret en Conseil d'État, le congé parental et la période d'activité à temps partiel prennent fin au plus tard une année après les dates limites définies à l'alinéa ci-dessus, quelle que soit la date de leur début.
Le salarié doit informer son employeur, par lettre recommandée avec demande d'avis de réception, ou par lettre remise en main propre contre décharge du point de départ et de la durée de la période pendant laquelle il entend bénéficier des dispositions de l'alinéa 1er du présent article.
Lorsque cette période suit immédiatement le congé de maternité ou congé d'adoption, le salarié doit informer l'employeur, par lettre recommandée avec demande d'avis de réception, au moins un mois avant le terme dudit congé ; dans les autres cas, l'information doit être donnée à l'employeur deux mois au moins avant le début du congé parental d'éducation ou de l'activité à temps partiel.
Lorsque le salarié entend prolonger son congé parental d'éducation ou sa période d'activité à temps partiel, il doit avertir l'employeur de cette prolongation, par lettre recommandée avec demande d'avis de réception, au moins

un mois avant le terme initialement prévu et l'informer, le cas échéant, de son intention soit de transformer le congé parental en activité à temps partiel, soit de transformer l'activité à temps partiel en congé parental. Toutefois, pendant la période d'activité à temps partiel ou à l'occasion des prolongations de celle-ci, le salarié ne peut pas modifier la durée du travail initialement choisie sauf accord de l'employeur ou si une convention ou un accord collectif de travail le prévoit expressément.

.../...

Art. L. 122-28-6. La durée du congé parental d'éducation prévue au premier alinéa de l'article L. 122-28-1 et la durée du congé de présence parentale prévue au premier alinéa de l'article L. 122-28-9 sont prises en compte pour moitié dans la détermination des avantages liés à l'ancienneté. Le salarié conserve, en outre, le bénéfice de tous les avantages qu'il avait acquis avant le début de ce congé.

Art. L. 122-28-7. Le salarié réembauché dans l'entreprise en application de l'article L. 122-28 et celui qui reprend son activité à l'issue du congé parental d'éducation ou d'un travail à temps partiel pour élever un enfant, visés à l'article L. 122-28-1, bénéficient, notamment en cas de changement de techniques ou de méthodes de travail, d'un droit à une action de formation professionnelle.

Le salarié peut également bénéficier de ce droit avant l'expiration de la période pendant laquelle il entendait bénéficier des dispositions de l'article L. 122-28-1. Toutefois, dans ce cas, il est mis fin au congé parental d'éducation ou à l'exercice d'une activité à temps partiel pour élever un enfant.

Le salarié a le droit de suivre, à son initiative, une action de formation du type de celles définies à l'article L. 900-2 au cours de la période pendant laquelle il bénéficie des dispositions de l'article L. 122-28-1. Dans ce cas, il n'est pas rémunéré et il bénéficie de la législation de sécurité sociale relative à la protection en matière d'accidents du travail et de maladies professionnelles prévue à l'article L. 962-4 pour les stagiaires de la formation professionnelle.

Le salarié bénéficiaire d'un congé parental d'éducation ou exerçant son activité à temps partiel pour élever un enfant bénéficie de plein droit du bilan de compétences mentionné à l'article L. 900-2, dans les conditions d'ancienneté prévues par l'article L. 122-28-1.

Les salariés visés au présent article ne sont pas comptés dans les 2 % de travailleurs qui peuvent bénéficier simultanément du congé de formation prévu à l'article L. 931-3 et suivants.

.../...

Art. L. 122-28-9. Tout salarié dont l'enfant à charge au sens de l'article L. 513-1 du code de la sécurité sociale et remplissant l'une des conditions prévues par l'article L. 512-3 du même code est victime d'une maladie, d'un accident ou d'un handicap graves, appréciés selon des modalités définies par décret en Conseil d'État, et nécessitant la présence d'une personne à ses côtés, a le droit soit de travailler à temps partiel, soit de bénéficier d'un congé de présence parentale entraînant la suspension de son contrat de travail.

La période d'activité à temps partiel, ou de suspension du contrat de travail, a une durée initiale de quatre mois au plus. Elle peut être renouvelée deux fois, dans la limite maximale de douze mois, renouvellements inclus.

Le salarié doit envoyer à son employeur, au moins quinze jours avant le début du congé ou du travail à temps partiel, une lettre recommandée avec demande d'avis de réception ou lui remettre en main propre une lettre contre décharge l'informant de sa volonté de bénéficier des dispositions du premier alinéa du présent article, ainsi qu'un certificat

médical établi selon les modalités fixées par décret en Conseil d'État.
Lorsque le salarié entend prolonger son congé ou son activité à temps partiel, il doit avertir l'employeur de cette prolongation, par lettre recommandée avec demande d'avis de réception, au moins quinze jours avant le terme initialement prévu et l'informer, le cas échéant, de son intention soit de transformer le congé de présence parentale en activité à temps partiel, soit de transformer l'activité à temps partiel en congé de présence parentale. Toutefois, pendant la période d'activité à temps partiel ou à l'occasion des prolongations de celle-ci, le salarié ne peut pas modifier la durée du travail initialement choisie sauf accord de l'employeur ou si une convention ou un accord collectif de travail le prévoit expressément.
À l'issue du congé de présence parentale ou de la période d'exercice de son activité à temps partiel, le salarié retrouve son précédent emploi ou un emploi similaire assorti d'une rémunération au moins équivalente.
Toutefois, en cas de décès de l'enfant ou de diminution importante des ressources du ménage, le salarié retrouve également son précédent emploi ou un emploi similaire assorti d'une rémunération au moins équivalente, s'il a accompli les formalités prévues à l'article L. 122-28-2.

Art. L. 122-28-10. Tout salarié titulaire de l'agrément mentionné aux articles L. 225-2 et L. 225-15 du code de l'action sociale et des familles a le droit de bénéficier d'un congé non rémunéré lorsque, en vue de l'adoption d'un enfant, il se rend à l'étranger ou dans un département d'outre-mer, un territoire d'outre-mer ou l'une des collectivités territoriales de Saint-Pierre-et-Miquelon et de Mayotte, que ce soit à partir d'un département métropolitain ou d'un autre département d'outre-mer ou de la collectivité territoriale de Saint-Pierre-et-Miquelon.
Le droit au congé est ouvert pour une durée maximale de six semaines par agrément.
Le salarié doit informer son employeur, par lettre recommandée avec demande d'avis de réception ou par lettre remise en main propre contre décharge, au moins deux semaines avant son départ, du point de départ et de la durée envisagée du congé.
Le salarié a le droit de reprendre son activité initiale dans le cas où il interrompt son congé avant la date prévue.
À l'issue de ce congé, le salarié retrouve son précédent emploi ou un emploi similaire assorti d'une rémunération au moins équivalente.
L'application du présent article ne fait pas obstacle à celles des dispositions légales, réglementaires ou conventionnelles plus favorables.

Art. L. 122-29. Toute convention contraire aux dispositions des articles L. 122-25 à L. 122-31 est nulle de plein droit.

CODE DE LA SÉCURITÉ SOCIALE

Titre 3 – Prestation d'accueil du jeune enfant

Chapitre Ier – Dispositions générales relatives à la prestation d'accueil du jeune enfant

Art. L. 531-1. (*L. n° 2003-1199 du 18.12.2003*). Ouvrent droit à la prestation d'accueil du jeune enfant l'enfant à naître et l'enfant né dont l'âge est inférieur à un âge limite.

Cette prestation comprend :

1° Une prime à la naissance ou à l'adoption, versée dans les conditions définies à l'article L. 531-2 ;

2° Une allocation de base, versée dans les conditions définies à l'article L. 531-3, visant à compenser le coût lié à l'entretien de l'enfant ;

3° Un complément de libre choix d'activité versé, dans les conditions définies à l'article L. 531-4, à celui des parents qui choisit de ne plus exercer d'activité professionnelle ou de travailler à temps partiel pour s'occuper d'un enfant ;

4° Un complément de libre choix du mode de garde, versé, dans les conditions définies aux articles L. 531-5 à L. 531-9, pour compenser le coût de la garde d'un enfant.

La personne ou le ménage qui ne répond pas à la condition de ressources pour percevoir la prime à la naissance ou à l'adoption mentionnée au 1° et l'allocation de base mentionnée au 2° peut toutefois percevoir les compléments prévus aux 3° et 4°.

Le bénéfice du complément mentionné au 3° peut être cumulé avec celui mentionné au 4°.

Art. L. 531-2. (*L. n° 2003-1199 du 18.12.2003*). La prime à la naissance ou à l'adoption est attribuée au ménage ou à la personne dont les ressources ne dépassent pas un plafond, pour chaque enfant à naître, avant la naissance de l'enfant, ou pour chaque enfant adopté ou accueilli en vue d'adoption dans les conditions définies à l'article L. 512-4, à compter de l'arrivée de l'enfant au foyer. Dans ce second cas, elle est versée même si l'enfant a un âge supérieur à l'âge limite mentionné à l'article L. 531-1 mais inférieur à l'âge limite mentionné au 2° de l'article L. 512-3.

La date de versement de cette prime est fixée par décret.

Le plafond de ressources varie selon le rang et le nombre d'enfants nés ou à naître. Il est majoré lorsque la charge du ou des enfants est assumée soit par un couple dont chaque membre dispose d'un revenu professionnel minimal, soit par une personne seule.

Le montant du plafond et celui de la majoration sont fixés par décret et revalorisés par arrêté du ministre chargé de la sécurité sociale. Ils varient conformément à l'évolution des prix à la consommation hors tabac.

Art. L. 531-3. (*L. n° 2003-1199 du 18.12.2003*). L'allocation de base est attribuée, à compter du premier jour du mois de la naissance du ou des enfants, au ménage ou à la personne dont les ressources ne dépassent pas un plafond. Elle est versée jusqu'au dernier jour du mois civil précédant celui au cours duquel l'enfant atteint l'âge limite prévu au premier alinéa de l'article L. 531-1.

L'allocation est versée à compter du premier jour du mois de l'arrivée au foyer, pour chaque enfant adopté ou confié en vue d'adoption. Dans ce cas, elle est versée même si l'enfant a un âge supérieur à l'âge limite mentionné au premier alinéa de l'article L. 531-1, mais inférieur à l'âge limite mentionné au 2° de l'article L. 512-3. La durée de versement de l'allocation est égale à celle définie à l'alinéa précédent.

Textes de loi

Le plafond de ressources est celui défini à l'article L. 531-2.
Plusieurs allocations de base ne peuvent se cumuler que pour les enfants issus de naissances multiples ou en cas d'adoptions multiples simultanées.

Art. L. 531-4. (*L. n° 2003-1199 du 18.12.2003*).
I.-1. Le complément de libre choix d'activité est versé à taux plein à la personne qui choisit de ne plus exercer d'activité professionnelle pour s'occuper d'un enfant.
Les conditions d'assimilation d'un mandat d'élu à une activité professionnelle au sens de l'alinéa précédent sont définies par décret.
2. Le complément est attribué à taux partiel à la personne qui exerce une activité ou poursuit une formation professionnelle rémunérée, à temps partiel. Son montant est fonction de la quotité de l'activité exercée ou de la formation suivie. Les quotités minimale et maximale de l'activité ou de la formation sont définies par décret.
Les modalités selon lesquelles ce complément à taux partiel est attribué aux personnes mentionnées aux articles L. 751-1 et L. 772-1 du Code du travail, aux 1°, 4° et 5° de l'article L. 615-1 et à l'article L. 722-1 du présent code, aux articles L. 722-4, L. 722-9, L. 722-22 et L. 722-28 du Code rural ainsi qu'aux élus locaux sont adaptées par décret.
Ce complément à taux partiel est attribué au même taux pendant une durée minimale déterminée par décret. Il ne peut y avoir révision de ce taux au cours de cette durée qu'en cas de cessation de l'activité ou de la formation.
II. - Par dérogation aux dispositions de l'article L. 552-1, lorsque le bénéficiaire du complément de libre choix d'activité a un seul enfant à charge, le droit au complément est ouvert le mois de la naissance ou de l'adoption de l'enfant ou le mois de l'arrêt du versement des indemnités ou allocations mentionnées aux 1° à 3° du II de l'article L. 532-2. Sa durée de versement est limitée à une durée maximale.
III. - L'ouverture du droit est subordonnée à l'exercice antérieur d'une activité professionnelle suffisante pour ouvrir des droits à pension de retraite dans un régime de base.
Cette activité doit avoir été exercée pendant une durée minimale au cours d'une période de référence précédant soit la naissance, l'adoption ou l'accueil de l'enfant pour lequel l'allocation est demandée, soit la demande si elle est postérieure lorsque le bénéficiaire compte plus d'un enfant à charge. Cette durée varie selon le nombre d'enfants à charge.
Les situations qui sont assimilées à une activité professionnelle sont définies par décret en fonction du rang de l'enfant.
Les deux membres d'un couple ne peuvent cumuler le bénéfice de deux compléments de libre choix d'activité à taux plein. Lorsque les deux membres du couple exercent une activité professionnelle ou poursuivent une formation professionnelle rémunérée à temps partiel, un complément à taux partiel peut être attribué à chacun d'entre eux dans les conditions définies au 2° du I sans que, toutefois, le montant cumulé de ces deux compléments à taux partiel puisse être supérieur à celui du complément à taux plein.
IV. - Pour les enfants adoptés ou confiés en vue d'adoption, le complément est versé pendant une durée minimale à compter de l'arrivée de l'enfant au foyer des adoptants, sous réserve des dispositions du II.
Par dérogation au premier alinéa de l'article L. 531-1, le complément est également versé pour les enfants dont l'âge, au moment de leur arrivée au foyer des adoptants, est supérieur à l'âge limite mentionné à cet article. La durée de versement est, dans ce cas, égale à la durée minimale mentionnée à l'alinéa précédent, sous réserve des dispositions du 2° de l'article L. 512-3.

V. - L'âge limite de versement mentionné au premier alinéa de l'article L. 531-1 et la durée de versement prévue au IV du présent article sont augmentés en cas :
1° De naissances multiples d'enfants d'un nombre déterminé ;
2° D'arrivées simultanées d'un nombre déterminé d'enfants, adoptés ou confiés en vue d'adoption dans les conditions définies à l'article L. 512-4, au foyer des adoptants.
VI. - Par dérogation au premier alinéa du 1° du I et dans des conditions définies par décret, le complément de libre choix d'activité à taux plein peut être cumulé, pendant une durée déterminée, avec un revenu professionnel, en cas de reprise d'activité du parent bénéficiaire alors qu'il a un enfant à charge remplissant des conditions d'âge. Cette option, définitive, est ouverte au parent qui assume la charge d'un nombre déterminé d'enfants.
VII. - Le montant du complément de libre choix d'activité est majoré lorsque la personne y ouvrant droit ne bénéficie pas de l'allocation de base mentionnée au 2° de l'article L. 531-1.

Art. L. 531-5. (*L. n° 2003-1199 du 18.12.2003*).
I. - Le complément de libre choix du mode de garde est attribué au ménage ou à la personne qui emploie une assistante maternelle agréée mentionnée à l'article L. 421-1 du Code de l'action sociale et des familles ou une personne mentionnée à l'article L. 772-1 du Code du travail pour assurer la garde d'un enfant.
Ce complément comprend :
a) Une prise en charge totale ou partielle des cotisations et contributions sociales liées à la rémunération de la personne qui assure la garde de l'enfant ;
b) Une prise en charge partielle de la rémunération de la personne qui assure la garde de l'enfant.
Le complément de libre choix du mode de garde est versé à la condition que le ménage ou la personne seule dispose d'un minimum de revenus tirés d'une activité professionnelle. Le montant de ce revenu diffère selon que la charge des enfants est assumée par un couple ou par une personne seule. Un décret précise les conditions dans lesquelles ces modalités sont adaptées aux non-salariés. Les situations qui sont assimilées à une activité professionnelle pour le bénéfice du complément et leurs modalités de prise en compte sont déterminées par décret.
La condition mentionnée à l'alinéa précédent ne s'applique pas :
- lorsque la personne ou les deux membres du couple poursuivent des études ;
- lorsque la personne ou au moins l'un des membres du couple bénéficie d'une des allocations mentionnées aux articles L. 821-1 et L. 821-2 du présent code et aux articles L. 351-9 et L. 351-10 du Code du travail ;
- aux personnes bénéficiaires d'une des allocations mentionnées à l'article L. 524-1 du présent code et à l'article L. 262-1 du Code de l'action sociale et des familles, à la condition que le bénéficiaire soit inscrit dans une démarche d'insertion professionnelle dont les modalités sont définies par décret en Conseil d'État.
II. - Lorsque le ménage ou la personne emploie une assistante maternelle agréée, le montant des cotisations et contributions sociales est pris en charge en totalité, pour chaque enfant, à la condition que la rémunération correspondante de l'assistante maternelle ne dépasse pas un montant fixé par décret. Lorsque le ménage ou la personne emploie une personne mentionnée à l'article L. 772-1 du Code du travail, une fraction des cotisations et contributions sociales est prise en charge, dans la limite d'un plafond par ménage. Le taux de prise en charge des cotisations et contributions sociales ainsi que le

montant du plafond sont fixés par décret. Le plafond est revalorisé conformément à l'évolution des prix à la consommation hors tabac, par arrêté du ministre chargé de la sécurité sociale.
III. - La rémunération de la personne qui assure la garde du ou des enfants est prise en charge, pour une part fixée par décret du salaire net servi et des indemnités mentionnées à l'article L. 773-3 du Code du travail. Cette prise en charge ne peut excéder un plafond fixé en fonction des ressources de la personne ou du ménage. Elle est calculée par enfant en cas d'emploi d'une assistante maternelle agréée et par ménage en cas d'emploi d'une personne mentionnée à l'article L. 72-1 du même code.
IV. - Par dérogation aux dispositions du premier alinéa de l'article L. 531-1, le complément de libre choix du mode de garde est également versé, à un montant réduit, pour la garde d'un enfant ayant un âge supérieur à l'âge mentionné à cet article mais inférieur à un âge limite.
V. - Un décret détermine les conditions de cumul, pour un même enfant ou plusieurs enfants, des compléments de libre choix du mode de garde versés au titre de modes de garde différents.

Art. L. 531-6. (*L. n° 2003-1199 du 18.12.2003*). Lorsque le ménage ou la personne recourt à une association ou à une entreprise habilitée à cet effet, dans des conditions définies par décret, pour assurer la garde d'un enfant et que sont remplies les conditions d'ouverture du droit au complément de libre choix du mode de garde de la prestation d'accueil du jeune enfant, ce complément est versé au ménage ou à la personne sous la forme d'une aide prenant en charge partiellement le coût de la garde. Le montant versé varie en fonction des revenus du ménage ou de la personne.
Pour la garde d'un enfant qui répond à la condition d'âge mentionnée au IV de l'article L. 531-5, les montants versés sont réduits.
L'aide n'est versée que si l'enfant est gardé un minimum d'heures au cours du mois, dans des conditions définies par décret.
L'aide est versée par l'organisme débiteur de prestations familiales.

Art. L. 531-7. (*L. n° 2003-1199 du 18.12.2003*). Le droit au complément est ouvert à compter du premier jour du mois civil au cours duquel la demande est déposée. Il cesse au premier jour du mois civil suivant celui au cours duquel l'une des conditions cesse d'être remplie.

Art. L. 531-8. (*L. n° 2003-1199 du 18.12.2003*). Les caisses versent le montant mentionné au a du I de l'article L. 531-5 à un organisme de recouvrement de sécurité sociale désigné par arrêté du ministre chargé de la sécurité sociale.
L'employeur est dispensé du versement des cotisations et contributions sociales à hauteur de ce montant sous réserve de se conformer aux modalités de déclaration fixées par décret. Dans ce cas, les cotisations et contributions sociales demeurant à sa charge donnent lieu à prélèvement automatique au cours du mois suivant la réception des formulaires de déclaration. L'organisme mentionné au premier alinéa est habilité à poursuivre le recouvrement par voie contentieuse des sommes restant dues, pour le compte de l'ensemble des régimes concernés sous les garanties et sanctions applicables au recouvrement des cotisations du régime général de sécurité sociale assises sur les salaires.
Les mentions figurant dans le formulaire de déclaration sont fixées par arrêté du ministre chargé de la sécurité sociale.

Art. L. 531-9. (*L. n° 2003-1199 du 18.12.2003*). Le complément de libre choix du mode de garde n'est pas cumulable avec le complément de libre choix d'activité à taux plein mentionné au premier alinéa du 1 du I de l'article L. 531-4, sauf si ce dernier est versé au titre du VI dudit article.

Le complément de libre choix du mode de garde est réduit, lorsque le ménage ou la personne bénéficie du complément de libre choix d'activité à taux partiel pour l'exercice d'une activité professionnelle inférieure à une quotité, dans des conditions définies par décret.

Art. L. 531-10. (*L. n° 2003-1199 du 18.12.2003*).
En cas de décès d'un enfant, le complément de libre choix d'activité et l'allocation de base, versés au titre de cet enfant, sont maintenus pendant une durée fixée par décret.

Chapitre 2 - Dispositions relatives au cumul avec d'autres prestations

Art. L. 532-1. (*L. n° 2003-1199 du 18.12.2003*). L'allocation de base de la prestation d'accueil du jeune enfant n'est pas cumulable avec le complément familial défini à l'article L. 522-1.

L'allocation de base versée en application du deuxième alinéa de l'article L. 531-3 n'est pas cumulable avec l'allocation de soutien familial et avec le complément familial.

Art. L. 532-2. (*L. n° 2003-1199 du 18.12.2003*).
I. - Le complément de libre choix d'activité n'est pas cumulable avec le complément familial.
II. - Le complément de libre choix d'activité à taux plein n'est pas cumulable pour le bénéficiaire avec :
1° L'indemnisation des congés de maternité, de paternité ou d'adoption ;
2° L'indemnité d'interruption d'activité ou l'allocation de remplacement pour maternité ou paternité, prévues aux articles L. 615-19 à L. 615-19-2 et L. 722-8 à L. 722-8-3 du présent code, aux articles L. 732-10 à L. 732-12-1 du Code rural et à l'article 17 de la loi n° 97-1051 du 18 novembre 1997 d'orientation sur la pêche maritime et les cultures marines ;
3° L'indemnisation des congés de maladie ou d'accident du travail ;
4° Les indemnités servies aux travailleurs sans emploi ;
5° Un avantage de vieillesse, d'invalidité ou la pension servie aux militaires en application de l'article L. 6 du Code des pensions civiles et militaires de retraite.
Le service des indemnités dues aux travailleurs sans emploi est, à la date d'interruption du versement du complément de libre choix d'activité, poursuivi jusqu'à l'expiration du droit.
III. - Le complément de libre choix d'activité à taux partiel n'est pas cumulable pour le bénéficiaire, à l'ouverture du droit, avec les indemnisations et l'allocation de remplacement mentionnées aux l° à 5° du II. Il est cumulable, en cours de droit, avec les indemnisations et allocations mentionnées aux l° à 4° du II perçues au titre de l'activité à temps partiel que le bénéficiaire exerce ou a exercée.
IV. - Lorsque le bénéficiaire du complément de libre choix d'activité a un seul enfant à charge, le complément est cumulable, le mois d'ouverture du droit, avec les indemnités et allocations visées aux 1° à 3° du II.

Textes de loi

DÉCRET N° 98-771 DU 1ER SEPTEMBRE 1998

relatif à l'agrément des personnes qui souhaitent adopter un pupille de l'État ou un enfant étranger

TITRE Ier : DISPOSITIONS RELATIVES À L'AGRÉMENT

Art. 1. Toute personne qui souhaite obtenir l'agrément prévu au premier alinéa de l'article 63 et à l'article 100-3 du Code de la famille et de l'aide sociale doit en faire la demande au président du conseil général de son département de résidence. Si elle ne réside pas en France, elle peut s'adresser au président du conseil général du département où elle résidait auparavant ou à celui d'un département dans lequel elle a conservé des attaches.

Art. 2. I.- Les personnes doivent être informées, dans un délai de deux mois après s'être adressées au président du conseil général :

1° Des dimensions psychologiques, éducatives et culturelles de l'adoption pour l'enfant et les parents adoptifs ;

2° De la procédure judiciaire de l'adoption et de la procédure administrative préalable fixée par le présent décret, et notamment des dispositions relatives :
- au droit d'accès des intéressés à leur dossier ;
- au fonctionnement de la commission d'agrément ;
- à la possibilité de demander que tout ou partie des investigations soit accompli une seconde fois conformément au quatrième alinéa de l'article 63 précité.

Un document récapitulant ces informations doit être remis aux personnes ;

3° De l'effectif, de l'âge, de la situation au regard de l'adoption des pupilles de l'État du département ainsi que des conditions d'admission dans ce statut ;

4° Des principes régissant l'adoption internationale et résultant notamment de la convention internationale susvisée, des spécificités afférentes à l'adoption d'enfants étrangers et des institutions françaises compétentes en matière d'adoption internationale ;

5° Des conditions de fonctionnement des organismes autorisés et habilités pour servir d'intermédiaires pour l'adoption ou le placement en vue d'adoption d'enfants, et de la liste des organismes autorisés ou ayant régulièrement déposé une déclaration de fonctionnement dans le département ;

6° Du nombre de demandeurs et de personnes agréées dans le département ;

7° De l'existence et du type de renseignements contenus dans le fichier des décisions relatives à l'agrément mis en place par le ministre chargé de la Famille.

II.- Au reçu de ces informations, l'intéressé fait parvenir au président du conseil général la confirmation de sa demande. Il peut préciser ses souhaits, notamment en ce qui concerne le nombre et l'âge de pupilles de l'État ou d'enfants étrangers qu'il désire accueillir.

Art. 3. Au moment de la confirmation de sa demande, l'intéressé doit communiquer au président du conseil général :

1° Une copie intégrale de son acte de naissance et, s'il a un ou des enfants, une fiche familiale d'état civil ;

2° Un bulletin n° 3 de casier judiciaire ;

3° Un certificat médical datant de moins de trois mois, établi par un médecin figurant sur une liste établie par le président du conseil général, attestant que son état de santé, ainsi que celui des personnes résidant à son foyer, ne présente pas de contre-indication à l'accueil d'enfants en vue d'adoption ;

4° Tout document attestant les ressources dont il dispose.

Art. 4. Avant de délivrer l'agrément, le président du conseil général doit s'assurer que les conditions d'accueil offertes par le demandeur sur les plans familial, éducatif et psychologique correspondent aux besoins et à l'intérêt d'un enfant adopté.

À cet effet, il fait procéder, auprès du demandeur, à des investigations comportant notamment :

- une évaluation de la situation familiale, des capacités éducatives ainsi que des possibilités d'accueil en vue d'adoption d'un enfant pupille de l'État ou d'un enfant étranger ; cette évaluation est confiée à des assistants de service social, à des éducateurs spécialisés ou à des éducateurs de jeunes enfants, diplômés d'État ;
- une évaluation, confiée à des psychologues territoriaux ou à des médecins psychiatres, du contexte psychologique dans lequel est formé le projet d'adopter.

Le demandeur est informé, au moins quinze jours avant la consultation prévue à l'article 5, qu'il peut prendre connaissance des documents établis à l'issue des investigations menées en application des alinéas précédents. Les erreurs matérielles figurant dans ces documents sont rectifiées de droit à sa demande écrite. Il peut, à l'occasion de cette consultation, faire connaître par écrit ses observations sur ces documents et préciser son projet d'adoption. Ces éléments sont portés à la connaissance de la commission.

Art. 5. La décision est prise par le président du conseil général après consultation de la commission d'agrément prévue à l'article 10.

Le demandeur est informé de la possibilité d'être entendu par la commission sur sa propre demande et dans les conditions fixées à l'article 55-1 du Code de la famille et de l'aide sociale.

Il peut également, dans les mêmes conditions, être entendu par la commission sur la demande d'au moins deux de ses membres.

La commission rend son avis hors la présence du demandeur et, le cas échéant, de la personne qui l'assiste.

Art. 6. L'agrément est délivré pour l'accueil d'un enfant ou de plusieurs enfants simultanément. Il peut être assorti d'une notice de renseignements mentionnant le nombre, l'âge ou les caractéristiques des enfants.

Art. 7. Toute personne titulaire de l'agrément doit confirmer au président du conseil général de son département de résidence, chaque année et pendant toute la durée de validité de l'agrément, qu'elle maintient son projet d'adoption, en précisant si elle souhaite accueillir un pupille de l'État en vue d'adoption.

Lors de la confirmation prévue à l'alinéa précédent, l'intéressé transmet au président du conseil général une déclaration sur l'honneur indiquant si sa situation matrimoniale ou la composition de sa famille se sont modifiées et précisant le cas échéant quelles ont été les modifications.

En cas de modification de la situation matrimoniale ou de la composition de la famille ou lorsque la confirmation ou la déclaration sur l'honneur prévues aux alinéas précédents n'ont pas été effectuées, le président du conseil général peut faire procéder à des investigations complémentaires sur les conditions d'accueil et, le cas échéant, retirer l'agrément. Lorsqu'il envisage de retirer l'agrément ou de le modifier, il saisit pour avis la commission prévue à l'article 10.

DÉCRET N° 2002-575 DU 18 AVRIL 2002

relatif aux organismes autorisés et habilités pour l'adoption

Art. 1. I.- Pour obtenir l'autorisation de servir d'intermédiaire pour l'adoption ou le placement en vue d'adoption de mineurs de quinze ans, une personne morale de droit privé doit être en mesure d'exercer l'ensemble des activités suivantes :

1° Aide à la préparation du projet d'adoption et conseils pour la constitution du dossier ;

2° Information sur les aspects techniques et juridiques de la procédure d'adoption ;

3° Accompagnement de la famille après l'arrivée de l'enfant dans les conditions fixées à l'article L. 225-16 du Code de l'action sociale et des familles.

La personne morale autorisée est dite « organisme autorisé pour l'adoption ».

II.- En outre, pour être habilité à exercer son activité au profit des mêmes mineurs de nationalité étrangère et résidant à l'étranger, l'organisme autorisé pour l'adoption doit être en mesure :

1° De déterminer, en relation avec les autorités compétentes du pays d'origine, les modalités de choix d'une famille adoptive ;

2° D'acheminer les dossiers des candidats à l'adoption vers des personnes ou institutions compétentes pour prononcer l'adoption ;

3° De conduire ou suivre la procédure prévue conformément au droit en vigueur.

III.- Les activités prévues au 3° du I et au II ne peuvent être exercées que par des intermédiaires autorisés ou habilités.

TITRE IER - AUTORISATION ET DÉCLARATION DE FONCTIONNEMENT

Section I - Autorisation

Art. 2. Toute personne morale de droit privé qui souhaite obtenir l'autorisation prévue à l'article L. 225-11 du Code de l'action sociale et des familles doit en faire la demande au président du conseil général du département de son siège social et lui fournir :

1° Les statuts et la liste des membres des organes dirigeants ;

2° Une copie de la publication de ces statuts au Journal officiel de la République française ;

3° Un document exposant, en isolant, s'il y a lieu, le projet d'activité d'intermédiaire en vue d'adoption, les conditions financières de fonctionnement prévues, le projet de budget pour l'exercice en cours, le bilan et le compte de résultat de l'exercice précédent en cas d'activité antérieure ainsi que, le cas échéant, le compte d'emploi correspondant aux subventions reçues ;

4° La liste des personnes intervenant dans le fonctionnement de l'organisme avec l'indication de leurs noms, adresses et fonctions ;

5° Le nom et l'adresse professionnelle du ou des médecins dont le demandeur s'est attaché la collaboration ;

6° Le nom et l'adresse du comptable chargé de la tenue des comptes de l'organisme.

Art. 3. Lorsque le demandeur envisage de recueillir des enfants nés sur le territoire français en vue de les confier en adoption, il doit fournir en outre :

1° Un exemplaire du document prévu à l'article 12 ;

2° Les noms et adresses des personnes qui assureront le recueil et le suivi social, psychologique et médical des enfants ;

3° Le décompte des sommes, correspondant aux frais engagés, qui seront demandées aux futurs adoptants.

L'accueil provisoire des enfants ne peut être effectué que par des assistants maternels agréés ou des établissements sanitaires ou sociaux dûment autorisés.

Art. 4. Pour chacune des personnes visées au 4° de l'article 2 et au 2° de l'article 3, le demandeur doit fournir :

1° Un extrait de l'acte de naissance ;

2° Un bulletin n° 3 du casier judiciaire ;

3° Un curriculum vitae justifiant d'une compétence ou d'une expérience dans le domaine de l'enfance et de la famille, énonçant le cas échéant les titres ou qualifications y afférents.

Art. 5. Pour les personnes visées aux 5° et 6° de l'article 2, le demandeur doit fournir :

1° Un extrait de l'acte de naissance ;

2° Un bulletin n° 3 du casier judiciaire ;

3° Un curriculum vitae énonçant les titres ou qualifications.

Art. 6. Pour l'instruction de la demande, le président du conseil général fait procéder à toutes les enquêtes qu'il juge nécessaires. Il vérifie que les modalités de fonctionnement proposées et les divers intervenants présentent des garanties suffisantes pour assurer la protection des enfants, de leurs parents et des futurs adoptants. Il vérifie notamment que les personnes visées au 4° de l'article 2 seront en mesure, compte tenu de leur domicile et du nombre de familles auprès desquelles elles interviennent, d'assurer effectivement la surveillance des placements en vue d'adoption réalisés dans leur département.

Le président du conseil général informe le ministre chargé de la famille et, lorsqu'il s'agit d'un organisme qui demande l'habilitation, le ministre des affaires étrangères des décisions qu'il prend relativement à l'autorisation.

Art. 7. L'autorisation ne peut être accordée si l'une des personnes mentionnées aux articles 2, 3, 4 et 5 a fait l'objet :

1° D'une condamnation pénale figurant au bulletin n° 2 du casier judiciaire pour crime ou pour l'un des délits tels que définis aux sections suivantes :

- sections I, III et IV du chapitre II du titre II du livre II du Code pénal ;
- section I du chapitre IV du titre II du livre II du Code pénal ;
- sections II et III du chapitre V du titre II du livre II du Code pénal ;
- chapitre VII du titre II du livre II du Code pénal ;
- chapitres Ier et II du livre III du Code pénal ;
- section I du chapitre III du titre Ier du livre III du Code pénal ;
- section I du chapitre IV du titre Ier du livre III du Code pénal ;
- chapitre Ier du titre II du livre IV du Code pénal ;

2° D'un retrait d'autorisation ou d'une condamnation prévue par l'article L. 225-17 du Code de l'action sociale et des familles ;

3° D'une mesure de retrait total ou partiel de l'autorité parentale.

Elle ne peut être accordée si l'une des personnes visées ci-dessus ne jouit pas de la pleine capacité juridique.

Art. 8. Toute modification des éléments fournis en application des articles 2, 3, 4 et 5 doit être notifiée dans un délai de quinze jours au président du conseil général du département concerné.

L'organisme autorisé établit chaque année un rapport d'activité mentionnant le nombre d'enfants recueillis sur le territoire national, le nombre d'enfants pour lesquels une demande de rétractation du consentement à l'adoption ou une demande de restitution ont été formulées, le nombre d'adoptions réalisées ainsi que les difficultés rencontrées dans la conduite des projets d'adoption. Ce rapport est adressé au président du conseil général du département.

Section II - Déclaration

Art. 9. Tout organisme autorisé pour l'adoption, qui entend servir d'intermédiaire pour l'adoption ou le placement en vue d'adoption de mineurs de quinze ans dans un autre département, doit, préalablement à l'exercice de cette activité, adresser au président du conseil général dudit département une déclaration de fonctionnement. Cette déclaration, accompagnée de la copie de l'autorisation départementale dont bénéficie l'organisme, doit être adressée par lettre recommandée avec demande d'avis de réception et préciser :

1° Les noms et adresses des personnes visées aux 4° et 5° de l'article 2 et 2° de l'article 3, ainsi que des correspondants locaux de l'organisme ;

2° La liste des départements dans lesquels le demandeur a fait une déclaration de fonctionnement, pour lesquels le président du conseil général n'a pas pris une décision d'interdiction d'exercice ;

3° Le cas échéant, une copie du rapport d'activité visé à l'article 8.

Art. 10. Si le dossier de déclaration prévu à l'article 9 est reconnu complet, le président du conseil général délivre un récépissé dans un délai de huit jours. Si le dossier est incomplet, il demande dans le même délai à l'organisme de le compléter.

La déclaration prend effet à la date du récépissé, dont copie est adressée par l'organisme au président du conseil général du département qui l'a autorisé.

Le président du conseil général qui a autorisé l'organisme transmet au président du conseil général du département qui a reçu la déclaration, sur sa demande, copie du dossier de l'organisme concerné. Il informe le ministre des affaires étrangères.

Section III - Recueil d'enfants nés sur le territoire français

Art. 11. Tout organisme autorisé pour l'adoption qui recueille un enfant en vue de son adoption dans un département métropolitain, dans un département d'outre-mer ou dans la collectivité territoriale de Saint-Pierre-et-Miquelon doit en faire la déclaration dans les trois jours, par lettre recommandée, au président du conseil général du département ou de la collectivité territoriale dans lequel l'enfant a été recueilli en précisant :

1° Les modalités de l'accueil provisoire de l'enfant ;

2° Les informations dont il dispose sur la situation familiale et l'état civil de l'enfant.

Le président du conseil général vérifie ces informations.

L'organisme transmet également au président du conseil général une copie du document prévu à l'article 12.

Si le ressort administratif d'accueil de l'enfant est différent de celui où il a été recueilli, l'organisme adresse simultanément une copie de la déclaration au président du conseil général.

Textes de loi

Art. 12. Lors du recueil d'un enfant sur le territoire de la République française, l'organisme autorisé pour l'adoption établit un document attestant que les père et mère de naissance, ou la personne qui lui remet l'enfant si sa filiation est inconnue, ont été informés :

1° Des mesures instituées, notamment par l'État, les collectivités territoriales et les organismes de sécurité sociale pour aider les parents à élever eux-mêmes leurs enfants ;

2° Des délais et conditions suivant lesquels l'enfant pourra être repris par ses père et mère, et notamment de leur droit de le reprendre sans aucune formalité pendant un délai de deux mois ;

3° Des conséquences du recueil et du placement en vue d'adoption de l'enfant, au regard notamment de l'article 352 du Code civil ;

4° De la possibilité de laisser, à l'occasion de l'établissement du document rédigé lors du recueil par l'organisme, tous renseignements concernant les origines de l'enfant ainsi que les raisons et les circonstances de ce recueil, et des modalités selon lesquelles ces renseignements sont recueillis.

Dans l'hypothèse où la femme a demandé lors de son accouchement la préservation du secret de son admission et de son identité, ces renseignements sont recueillis par le correspondant du Conseil national pour l'accès aux origines personnelles dans le département où l'enfant est recueilli ; la femme est également informée de la possibilité qu'elle a de déclarer son identité à tout moment ainsi que de lever le secret de celle-ci. À sa demande, le recueil d'information peut se faire en présence de la personne de l'organisme autorisé qui l'accompagne.

L'organisme donne aux parents ou à la personne qui lui remet l'enfant une copie du document établi conformément au premier alinéa.

Art. 13. L'organisme doit remettre aux parents un modèle de lettre de rétractation de leur consentement à l'adoption portant l'adresse à laquelle elle devra, le cas échéant, être expédiée par voie recommandée avec demande d'avis de réception. En cas de rétraction du consentement à l'adoption ou de demande de restitution de l'enfant, l'organisme en informe dans les trois jours le président du conseil général du département ou de la collectivité territoriale dans lequel l'enfant a été recueilli.

Art. 14. L'organisme autorisé pour l'adoption doit faire procéder à un examen médical approfondi de tout enfant qu'il recueille sur le territoire de la République française, dans un délai de deux mois suivant la date de recueil, par l'un des médecins mentionnés au 5° de l'article 2. Les résultats de cet examen sont communiqués à la personne qui assure l'accueil provisoire de l'enfant. Le dossier médical de l'enfant est communiqué au médecin désigné par les futurs adoptants lors de la réalisation du placement en vue d'adoption.

Art. 15. Lors de la réalisation du placement en vue d'adoption d'un enfant recueilli en France, l'organisme doit en avertir, dans un délai de huit jours, le président du conseil général du département où résident les futurs adoptants. Cette notification doit mentionner les éléments relatifs à l'état civil de l'enfant dont l'organisme dispose, la date et les conditions dans lesquelles a été donné le consentement à l'adoption ainsi que le nom de la personne qui assurera l'accompagnement de l'enfant et de sa famille.

Art. 16. Par dérogation à l'article 9 du décret du 3 août 1962 susvisé, les organismes bénéficiant de l'autorisation prévue au premier alinéa de l'article L. 225-11 du Code de l'action sociale et des familles sont habilités à se faire délivrer des copies intégrales des actes de naissance des enfants qu'ils ont recueillis.

Section IV - Retrait d'autorisation et interdiction de fonctionnement

Art. 17. Le président du conseil général qui a délivré l'autorisation en application du premier alinéa de l'article L. 225-11 du Code de l'action sociale et des familles peut la retirer lorsque l'organisme ne présente plus de garanties suffisantes pour assurer le respect des droits des enfants, de leurs parents et des futurs adoptants.

Le président du conseil général qui a procédé au retrait informe le ministre chargé de la famille, le ministre des affaires étrangères, ainsi que les présidents des conseils généraux des départements où l'organisme a procédé à une déclaration de fonctionnement.

Le président du conseil général qui a délivré récépissé d'une déclaration de fonctionnement d'un organisme autorisé peut interdire le fonctionnement de celui-ci s'il ne présente plus de garanties suffisantes pour assurer le respect des droits des enfants, de leurs parents et des futurs adoptants. Il en informe sans délai, en précisant les motifs de cette décision, le président du conseil général ou de la collectivité territoriale qui a délivré l'autorisation, le ministre chargé de la famille et le ministre des affaires étrangères. Le retrait de l'autorisation délivrée par le département du siège social de l'organisme emporte de plein droit la même interdiction de fonctionnement.

Art. 18. Le président du conseil général met fin aux activités de l'organisme par retrait d'autorisation ou décision d'interdiction de fonctionner :

1° Dans les cas prévus aux 1° et 2° de l'article 7 ;

2° Lorsque l'organisme fait obstacle au contrôle de son fonctionnement par le président du conseil général ou à la protection et à la surveillance des enfants ;

3° Si l'organisme ne respecte pas les dispositions de l'article 28 ;

4° Si l'organisme ne respecte pas les dispositions des articles 348-3 et 351 du Code civil ou fait obstacle à l'application de l'article 348-4 dudit code ;

5° Lorsqu'un placement ou une modification de placement sont effectués dans un département sans que soient respectées les règles de notification fixées par les articles 15, 24 et 30 ;

6° Lorsque l'organisme sollicite ou accepte des futurs adoptants, pour lui-même ou pour toute autre personne ou association, un don de quelque nature que ce soit ; cette interdiction s'applique jusqu'à ce que le jugement d'adoption soit devenu définitif ou jusqu'à la transcription du jugement étranger ;

7° Si l'organisme ne peut pas justifier d'une activité pendant une durée de trois ans.

Art. 19. Le président du conseil général peut décider que le retrait de l'autorisation ou l'interdiction de fonctionnement ne prendra effet qu'à l'expiration d'un délai maximum d'un an pendant lequel l'organisme pourra continuer d'exercer son activité pour mener à bien les procédures qu'il a engagées dans les conditions prévues au deuxième alinéa de l'article 28 en faveur des personnes résidant dans le département. La liste des familles et des enfants concernés est mentionnée en annexe à la décision.

Lorsqu'un organisme a fait l'objet d'un retrait d'autorisation ou d'une interdiction de fonctionner, ou en cas de cessation définitive de ses activités, il doit verser aux archives départementales les dossiers individuels des enfants placés ou confiés par son intermédiaire. Les archives concernant les enfants originaires de l'étranger sont communiquées au ministre des affaires étrangères à sa demande.

TITRE II - HABILITATION

Art. 20. Toute personne morale de droit privé autorisée pour l'adoption qui souhaite obtenir l'habilitation prévue à l'article L. 225-12 du Code de l'action sociale et des familles doit fournir au ministre des affaires étrangères une copie de l'autorisation dont elle bénéficie en indiquant les départements dans lesquels elle a procédé à une déclaration de fonctionnement.

L'organisme doit fournir :

1° Les statuts et la liste des membres des organes dirigeants ;

2° Une copie de la publication de ces statuts au *Journal officiel* de la République française ;

3° Un document exposant, en isolant le projet d'activité d'intermédiaire en vue d'adoption, les conditions financières de fonctionnement prévues, le projet de budget pour l'exercice en cours, le bilan et le compte de résultat de l'exercice précédent en cas d'activité antérieure ainsi que, le cas échéant, le compte d'emploi correspondant aux subventions reçues ;

4° Le décompte des sommes qui seront demandées aux futurs adoptants selon le modèle fixé par arrêté du ministre des affaires étrangères ;

5° Les noms et adresses des personnes qui assureront le suivi des enfants adoptés ou placés en vue d'adoption ;

6° Les nom et adresse de la personne chargée de la tenue des comptes de l'organisme ;

7° L'identité des institutions ou organismes auprès desquels il recueillera des enfants ;

8° Des documents relatifs à l'état civil, au casier judiciaire, ou à ce qui en tient lieu dans le pays considéré, et au curriculum vitae des représentants locaux de l'organisme ;

9° La convention liant l'organisme à son ou ses représentants locaux, qui doivent présenter toutes garanties d'indépendance à l'égard des autorités chargées de la procédure locale ainsi que des responsables des institutions ou organismes auprès desquels sont recueillis les enfants ;

10° Des informations sur l'organisation de l'acheminement des enfants vers le territoire français ;

11° Un exemplaire des documents établis à l'intention des futurs adoptants et relatifs à la législation et aux procédures en vigueur dans chaque pays où ils interviennent, aux autorités de ces pays habilitées à prendre les décisions concernant les enfants, et à la situation juridique qu'elles confèrent aux adoptés et aux adoptants ainsi qu'aux obligations qui peuvent en résulter pour ces derniers et pour l'organisme.

Art. 21. Les décisions d'habilitation et de retrait sont prises par arrêté du ministre des affaires étrangères. Lors de la première demande d'habilitation d'un organisme autorisé pour l'adoption, le ministre des affaires étrangères recueille l'avis de l'autorité centrale pour l'adoption internationale.

Le ministre apprécie s'il y a lieu d'accorder l'habilitation compte tenu de la situation propre du pays concerné, des garanties assurées aux enfants, à leurs parents et aux futurs adoptants, de la qualité du projet présenté, de la connaissance du pays concerné, notamment des institutions locales chargées de l'adoption, ainsi que du nombre d'organismes déjà habilités au titre du pays considéré.

L'arrêté d'habilitation mentionne les pays dans lesquels l'organisme peut exercer son activité.

En cas d'urgence, le ministre des affaires étrangères peut suspendre, par arrêté, l'habilitation en précisant les motifs de cette décision. Il en informe sans délai l'autorité centrale pour l'adoption internationale.

Art. 22. Tout organisme habilité doit informer sous quinzaine le ministre des affaires étrangères de sa cessation d'activité dans un pays mentionné dans la décision d'habilitation ainsi que de toute modification des éléments fournis en application de l'article 20. Il doit recueillir l'avis préalable du ministre des affaires étrangères pour toute modification des éléments fournis en application des 3°, 4°, 7°, 9° et 10° de l'article 20.

L'organisme habilité pour l'adoption établit chaque année un rapport d'activité mentionnant notamment le nombre d'adoptions réalisées, le nombre de dossiers en cours, les difficultés rencontrées dans la conduite des projets. Ce rapport est adressé au ministre des affaires étrangères et aux départements concernés.

Art. 23. Lorsque les organismes habilités pour l'adoption internationale en vue de l'application de la convention de La Haye du 29 mai 1993 :

1° Procèdent à la transmission à une autorité centrale ou à un organisme agréé étranger des rapports prévus aux articles 15 et 16 de la convention susvisée ;

2° Ou sollicitent l'accord d'une autorité centrale ou d'un organisme agréé étranger, en vue de la poursuite de la procédure, ils sont tenus d'en informer sans délai le ministre des affaires étrangères.

Ils avisent le ministre des affaires étrangères de toute difficulté de mise en œuvre de la convention susvisée.

Art. 24. L'organisme habilité doit communiquer sans délai à la famille, avant qu'elle ne donne son accord pour la mise en relation avec celui-ci, le dossier de l'enfant qu'il envisage de lui confier, et notamment toutes les informations à caractère médical dont il dispose.

Lorsque l'enfant est confié en vertu d'une décision émanant d'une autorité étrangère, l'organisme doit en fournir une copie, dans un délai de huit jours à compter de la date de l'arrivée de l'enfant dans la famille, au président du conseil général de son lieu de résidence.

Art. 25. Le ministre des affaires étrangères modifie ou retire l'habilitation accordée à l'organisme si l'évolution de la situation du pays pour lequel elle a été accordée ne permet plus de mener à bien des procédures d'adoption d'enfants originaires de celui-ci par des ressortissants français ou par des personnes résidant en France, si l'organisme ne présente plus les garanties suffisantes pour les enfants, leurs parents ou les futurs adoptants ou en cas de décision de retrait d'autorisation ou d'interdiction de fonctionnement prise par le président du conseil général.

L'habilitation est retirée par le ministre des affaires étrangères :

1° Si l'organisme engage un projet d'adoption auprès d'une famille résidant dans un département où il ne bénéficie pas de l'autorisation ou n'a pas procédé à une déclaration de fonctionnement conformément à l'article 9 du présent décret ;

2° Si l'organisme réalise des placements d'enfants originaires de pays qui ne sont pas mentionnés dans son habilitation ;

3° Si l'organisme réalise ou modifie le placement d'un enfant en violation des décisions intervenues dans son pays d'origine ;

4° Si l'organisme reçoit des futurs adoptants des fonds ne correspondant pas aux frais exposés selon le 4° de l'article 20 ou en contrevenant aux dispositions de l'article 28 ;

5° Si l'organisme intervient auprès de personnes titulaires de l'agrément en vue de l'adoption ou s'il interfère dans leurs relations avec des autorités ou organismes étrangers sans avoir été expressément sollicité ;

6° Si l'organisme ne respecte pas les dispositions prévues à l'article 20 du présent décret ;

7° Si l'organisme fait obstacle au

contrôle de son fonctionnement par le ministre des affaires étrangères ;

8° Si l'organisme n'a pas réalisé d'adoption dans le pays concerné pendant une durée de trois ans ;

9° Si l'organisme contrevient aux dispositions des articles 9 (a, b, c, e), 11, 12, 15, 16, 17, 19, 20, 22 et 30-1 de la convention de La Haye du 20 mai 1993 sur la protection de l'enfant et la coopération en matière d'adoption internationale, s'il n'a pas obtenu des autorités étrangères compétentes l'autorisation prévue à l'article 12 de cette convention ou si cette autorisation lui a été retirée.

Art. 26. Le ministre des affaires étrangères peut décider que la décision de retrait d'habilitation ne prendra effet qu'à l'expiration d'un délai maximum d'un an pendant lequel l'organisme pourra continuer son activité pour achever les procédures de recueil d'enfants qu'il a engagées dans les pays étrangers. La liste des familles et des enfants concernés est annexée à la décision de retrait d'habilitation.

TITRE III - DISPOSITIONS COMMUNES AUX ORGANISMES AUTORISÉS ET HABILITÉS

Art. 27. Les dirigeants des organismes ainsi que les personnes intervenant dans l'accompagnement des familles doivent suivre une formation dans un délai de deux ans à compter de la notification de l'autorisation ou, le cas échéant, dans un délai de deux ans à compter de leur entrée en fonction dans l'organisme. Il en sera rendu compte dans le bilan annuel d'activité de l'organisme.

Art. 28. L'organisme autorisé pour l'adoption s'assure que les personnes qui s'adressent à lui sont titulaires de l'agrément prévu par l'article 353-1 du Code civil ou les articles L. 225-2 et L. 225-15 du Code de l'action sociale et des familles.

Lorsque l'organisme est en mesure de prendre en charge un dossier de candidature, compte tenu de ses capacités de fonctionnement et des conditions requises dans les pays dans lesquels il est habilité, il définit avec les futurs adoptants un projet de mise en relation entre ceux-ci et l'enfant se référant notamment aux pays d'origine et à l'âge du ou des enfants qui pourraient leur être confiés conformément à l'agrément qui leur a été délivré. Copie de ce projet est remise aux futurs adoptants.

Aucune somme d'argent ne peut être demandée par l'organisme avant la définition du projet de mise en relation.

Art. 29. L'organisme transmet au président du conseil général, dans les six mois suivant l'arrivée de l'enfant, un rapport sur la situation familiale et le développement psychologique de l'enfant. Copie de ce rapport est remise à la famille.

L'organisme informe sans délai le président du conseil général des jugements prononçant l'adoption ou des transcriptions des jugements étrangers.

Art. 30. L'organisme autorisé pour l'adoption doit informer, dans un délai de trois jours, les présidents de conseils généraux compétents de toute modification apportée au lieu de placement de l'enfant en fournissant toute justification de fait et de droit. Il en est de même en cas d'impossibilité de réaliser le projet prévu. S'il s'agit d'un enfant confié en vertu d'une décision émanant d'une autorité étrangère, l'organisme doit également en informer le ministre des affaires étrangères dans le même délai.

Art. 31. Les dossiers que l'organisme autorisé constitue à propos des futurs adoptants et des enfants qu'il recueille ou qu'il confie en vertu d'une décision émanant d'une autorité étrangère peuvent être consultés par le président du conseil général et par le ministre des affaires étrangères et sont communiqués, à leur demande, au procureur de la République et au tribunal lors de la procédure d'adoption.

Art. 32. Les organismes autorisés et habilités doivent établir entre eux des relations de coopération, notamment pour l'organisation de formations. Ils peuvent également conclure entre eux des conventions pour l'exercice des activités visées au 3° du I et au II de l'article 1er, afin notamment de répondre aux exigences de proximité et de disponibilité des personnes qui accompagnent les familles. Ces conventions n'entrent en vigueur qu'après accord des présidents des conseils généraux des départements des sièges sociaux des organismes et du ministre des affaires étrangères.

Art. 33. Pour l'application du présent décret à la collectivité territoriale de Saint-Pierre-et-Miquelon :
- les attributions dévolues au président du conseil général du département sont exercées par le président du conseil général de la collectivité territoriale de Saint-Pierre-et-Miquelon ;
- la référence au département est remplacée par celle de la collectivité territoriale de Saint-Pierre-et-Miquelon.

TITRE IV - DISPOSITIONS TRANSITOIRES

Art. 34. Les organismes titulaires d'une autorisation en vigueur à la date de publication du présent décret sont tenus, dans un délai d'un an à compter de cette date, de compléter leurs dossiers dans les départements où ils sont autorisés ou dans les départements qui ont enregistré une déclaration de fonctionnement pour se conformer aux dispositions du présent décret.

Les dirigeants des organismes visés à l'alinéa précédent ainsi que les personnes intervenant dans l'accompagnement des familles doivent suivre une formation ou en justifier dans un délai d'un an à compter de la date de publication du présent décret. En sont dispensées les personnes en mesure d'établir qu'elles ont exercé une activité dans le domaine de l'adoption depuis plus de cinq ans à la date de publication de ce texte.

Art. 35. Les organismes habilités pour l'adoption à la date de publication du présent décret sont tenus, dans un délai d'un an à compter de cette date, de compléter leurs dossiers au ministère des affaires étrangères pour se conformer aux dispositions du présent décret.

Art. 36. Le décret n° 89-95 du 10 février 1989 relatif aux œuvres d'adoption est abrogé.

Art. 37. La ministre de l'emploi et de la solidarité, la garde des sceaux, ministre de la justice, le ministre de l'intérieur, le ministre des affaires étrangères et la ministre déléguée à la famille, à l'enfance et aux personnes handicapées sont chargés, chacun en ce qui le concerne, de l'exécution du présent décret, qui sera publié au *Journal officiel* de la République française.

LA CONVENTION DE LA HAYE SUR LA PROTECTION DES ENFANTS ET LA COOPÉRATION EN MATIÈRE D'ADOPTION INTERNATIONALE

Extrait de l'Acte final de la dix-septième session signé le 29 mai 1993

Chapitre I - Champ d'application de la convention

Art. 1. La présente Convention a pour objet :
a - d'établir des garanties pour que les adoptions internationales aient lieu dans l'intérêt supérieur de l'enfant et dans le respect des droits fondamentaux qui lui sont reconnus en droit international ;
b - d'instaurer un système de coopération entre les États contractants pour assurer le respect de ces garanties et prévenir ainsi l'enlèvement, la vente ou la traite d'enfants ;
c - d'assurer la reconnaissance dans les États contractants des adoptions réalisées selon la Convention.

Art. 2. 1. La Convention s'applique lorsqu'un enfant résidant habituellement dans un État contractant (« l'État d'origine ») a été, est ou doit être déplacé vers un autre État contractant (« l'État d'accueil »), soit après son adoption dans l'État d'origine par des époux ou une personne résidant habituellement dans l'État d'accueil, soit en vue d'une telle adoption dans l'État d'accueil ou dans l'État d'origine.

2. La Convention ne vise que les adoptions établissant un lien de filiation.

Art. 3. La Convention cesse de s'appliquer si les acceptations visées à l'article 17, lettre c, n'ont pas été données avant que l'enfant n'ait atteint l'âge de dix-huit ans.

Chapitre II - Conditions des adoptions internationales

Art. 4. Les adoptions visées par la Convention ne peuvent avoir lieu que si les autorités compétentes de l'État d'origine :

a - ont établi que l'enfant est adoptable ;

b - ont constaté, après avoir dûment examiné les possibilités de placement de l'enfant dans son État d'origine, qu'une adoption internationale répond à l'intérêt supérieur de l'enfant ;

c - se sont assurées :

1. que les personnes, institutions et autorités dont le consentement est requis pour l'adoption ont été entourées des conseils nécessaires et dûment informées sur les conséquences de leur consentement, en particulier sur le maintien ou la rupture, en raison d'une adoption, des liens de droit entre l'enfant et sa famille d'origine ;

2. que celles-ci ont donné librement leur consentement dans les formes légales requises, et que ce consentement a été donné ou constaté par écrit ;

3. que les consentements n'ont pas été obtenus moyennant paiement ou

contrepartie d'aucune sorte et qu'ils n'ont pas été retirés ; et

4. que le consentement de la mère, s'il est requis, n'a été donné qu'après la naissance de l'enfant ; et

d - se sont assurées, eu égard à l'âge et à la maturité de l'enfant :

1. que celui-ci a été entouré de conseils et dûment informé sur les conséquences de l'adoption et de son consentement à l'adoption, si celui-ci est requis ;

2. que les souhaits et avis de l'enfant ont été pris en considération ;

3. que le consentement de l'enfant à l'adoption, lorsqu'il est requis, a été donné librement, dans les formes légales requises, et que son consentement a été donné ou constaté par écrit ; et

4. que ce consentement n'a pas été obtenu moyennant paiement ou contrepartie d'aucune sorte.

Art. 5. Les adoptions visées par la Convention ne peuvent avoir lieu que si les autorités compétentes de l'État d'accueil :

a - ont constaté que les futurs parents adoptifs sont qualifiés et aptes à adopter ;

b - se sont assurées que les futurs parents adoptifs ont été entourés des conseils nécessaires ; et

c - ont constaté que l'enfant est ou sera autorisé à entrer et à séjourner de façon permanente dans cet État.

Chapitre III - Autorités centrales et organismes agréés

Art. 6. 1. Chaque État contractant désigne une Autorité centrale chargée de satisfaire aux obligations qui lui sont imposées par la Convention.

2. Un État fédéral, un État dans lequel plusieurs systèmes de droit sont en vigueur ou un État ayant des unités territoriales autonomes est libre de désigner plus d'une Autorité centrale et de spécifier l'étendue territoriale ou personnelle de leurs fonctions. L'État qui fait usage de cette faculté désigne l'Autorité centrale à laquelle toute communication peut être adressée en vue de sa transmission à l'Autorité centrale compétente au sein de cet État...

Art. 7. 1. Les Autorités centrales doivent coopérer entre elles et promouvoir une collaboration entre les autorités compétentes de leurs États pour assurer la protection des enfants et réaliser les autres objectifs de la Convention.

2. Elles prennent directement toutes mesures appropriées pour :

a - fournir des informations sur la législation de leurs États en matière d'adoption et d'autres informations générales, telles que des statistiques et formules types ;

b - s'informer mutuellement sur le fonctionnement de la Convention et, dans la mesure du possible, lever les obstacles à son application.

Art. 8. Les Autorités centrales prennent, soit directement, soit avec le concours d'autorités publiques, toutes mesures appropriées pour prévenir les gains matériels indus à l'occasion d'une adoption et empêcher toute pratique contraire aux objectifs de la Convention.

Art. 9. Les Autorités centrales prennent, soit directement, soit avec le concours d'autorités publiques ou d'organismes dûment agréés dans leur État, toutes mesures appropriées, notamment pour :

a - rassembler, conserver et échanger des informations relatives à la situation de l'enfant et des futurs parents adoptifs, dans la mesure nécessaire à la réalisation de l'adoption ;

b - faciliter, suivre et activer la procédure en vue de l'adoption ;

c - promouvoir dans leurs États le développement de service de conseils pour l'adoption et pour le suivi de l'adoption ;

d - échanger des rapports généraux d'évaluation sur les expériences en matière d'adoption internationale ;

e - répondre, dans la mesure permise par la loi de leur État aux demandes motivées d'informations sur une situation particulière d'adoption formulées par d'autres Autorités centrales ou par des autorités publiques.

Art. 10. Peuvent seuls bénéficier de l'agrément et le conserver les organismes qui démontrent leur aptitude à remplir correctement les missions qui pourraient leur être confiées.

Art. 11. Un organisme agréé doit :

a - poursuivre uniquement des buts non lucratifs dans les conditions et limites fixées par les autorités compétentes de l'État d'agrément ;

b - être dirigé et géré par des personnes qualifiées par leur intégrité morale et leur formation ou expérience pour agir dans le domaine de l'adoption internationale ; et

c - être soumis à la surveillance d'autorités compétentes de cet État pour sa composition, son fonctionnement et sa situation financière.

Art. 12. Un organisme agréé dans un État contractant ne pourra agir dans un autre État contractant que si les autorités compétentes des deux États l'ont autorisé.

Art. 13. La désignation des Autorités centrales et, le cas échéant, l'étendue de leurs fonctions, ainsi que le nom et l'adresse des organismes agréés, sont communiqués par chaque État contractant au Bureau permanent de la Conférence de La Haye de droit international privé.

Chapitre IV - Conditions procédurales de l'adoption internationale

Art. 14. Les personnes résidant habituellement dans un État contractant, qui désirent adopter un enfant dont la résidence habituelle est située dans un autre État contractant, doivent s'adresser à l'Autorité centrale de l'État de leur résidence habituelle.

Art. 15. 1. Si l'Autorité centrale de l'État d'accueil considère que les requérants sont qualifiés et aptes à adopter, elle établit un rapport contenant des renseignements sur leur identité, leur capacité légale et leur aptitude à adopter, leur situation personnelle, familiale et médicale, leur milieu social, les motifs qui les animent, leur aptitude à assumer une adoption internationale, ainsi que sur les enfants qu'ils seraient aptes à prendre en charge.

2. Elle transmet le rapport à l'Autorité centrale de l'État d'origine.

Art. 16. 1. Si l'Autorité centrale de l'État d'origine considère que l'enfant est adoptable :

a - elle établit un rapport contenant des renseignements sur l'identité de l'enfant, son adoptabilité, son milieu social, son évolution personnelle et familiale, son passé médical et celui de sa famille, ainsi que sur ses besoins particuliers ;

b - elle tient dûment compte des conditions d'éducation de l'enfant, ainsi que de son origine ethnique, religieuse et culturelle ;

c - elle s'assure que les consentements visés à l'article 4 ont été obtenus ; et

d - elle constate, en se fondant notamment sur les rapports concernant l'enfant et les futurs parents adoptifs, que le placement envisagé est dans l'intérêt supérieur de l'enfant.

2. Elle transmet à l'Autorité centrale de l'État d'accueil son rapport sur l'enfant, la preuve des consentements requis et les motifs de son constat sur le placement, en veillant à ne pas révéler l'identité de la mère et du père, si, dans l'État d'origine, cette identité ne peut pas être divulguée.

Art. 17. Toute décision de confier un enfant à des futurs parents adoptifs ne peut être prise dans l'État d'origine que :
a - si l'Autorité centrale de cet État s'est assurée de l'accord des futurs parents adoptifs ;
b - si l'Autorité centrale de l'État d'accueil a approuvé cette décision, lorsque la loi de cet État ou l'Autorité centrale de l'État d'origine le requiert ;
c - si les Autorités centrales des deux États ont accepté que la procédure en vue de l'adoption se poursuivre ; et
d - s'il a été constaté conformément à l'article 5 que les futurs parents adoptifs sont qualifiés et aptes à adopter et que l'enfant est ou sera autorisé à entrer et à séjourner de façon permanente dans l'État d'accueil.

Art. 18. Les Autorités centrales des deux États prennent toutes mesures utiles pour que l'enfant reçoive l'autorisation de sortie de l'État d'origine, ainsi que celle d'entrée et de séjour permanent dans l'État d'accueil.

Art. 19. 1. Le déplacement de l'enfant vers l'État d'accueil ne peut avoir lieu que si les conditions de l'article 17 ont été remplies.

2. Les Autorités centrales des deux États veillent à ce que ce déplacement s'effectue en toute sécurité, dans des conditions appropriées et, si possible, en compagnie des parents adoptifs ou des futurs parents adoptifs.

3. Si ce déplacement n'a pas lieu, les rapports visés aux articles 15 et 16 sont renvoyés aux autorités expéditrices.

Art. 20. Les Autorités centrales se tiennent informées sur la procédure d'adoption et les mesures prises pour la mener à terme ainsi que sur le déroulement de la période probatoire lorsque celle-ci est requise.

Art. 21. 1. Lorsque l'adoption doit avoir lieu après le déplacement de l'enfant dans l'État d'accueil et que l'Autorité centrale de cet État considère que le maintien de l'enfant dans la famille d'accueil n'est plus de son intérêt supérieur, cette Autorité prend les mesures utiles à la protection de l'enfant, en vue notamment :
a - de retirer l'enfant aux personnes qui désiraient l'adopter et d'en prendre soin provisoirement ;
b - en consultation avec l'Autorité centrale de l'État d'origine, d'assurer sans délai un nouveau placement de l'enfant en vue de son adoption ou, à défaut, une prise en charge alternative durable ; une adoption ne peut avoir lieu que si l'Autorité centrale de l'État d'origine a été dûment informée sur les nouveaux parents adoptifs ;
c - en dernier ressort, d'assurer le retour de l'enfant, si son intérêt l'exige.

2. Eu égard notamment à l'âge et à la maturité de l'enfant, celui-ci sera consulté et, le cas échéant, son consentement obtenu sur les mesures à prendre conformément au présent article.

Art. 22. 1. Les fonctions conférées à l'Autorité centrale par le présent chapitre peuvent être exercées par des autorités publiques ou par des organismes agréés conformément au chapitre III, dans la mesure prévue par la loi de son État.

2. Un État contractant peut déclarer auprès du dépositaire de la Convention que les fonctions conférées à l'Autorité centrale par les articles 15 à 21 peuvent aussi être exercées dans cet État, dans la mesure prévue par la loi et sous le contrôle des autorités compétentes de cet État, par des organismes ou personnes qui :
a - remplissent les conditions de moralité de compétence professionnelle, d'expérience et de responsabilité requises par cet État ; et

b - sont qualifiées par leur intégrité morale et leur formation ou expérience pour agir dans le domaine de l'adoption internationale.

3. L'État contractant qui fait la déclaration visée au paragraphe 2 informe régulièrement le Bureau Permanent de la Conférence de La Haye de droit international privé des noms et adresses de ces organismes et personnes.

4. Un État contractant peut déclarer auprès du dépositaire de la Convention que les adoptions d'enfants dont la résidence habituelle est située sur son territoire ne peuvent avoir lieu que si les fonctions conférées aux Autorités centrales sont exercées conformément au paragraphe premier.

5. Nonobstant toute déclaration effectuée conformément au paragraphe 2, les rapports prévus aux articles 15 et 16 sont, dans tous les cas, établis sous la responsabilité de l'Autorité centrale ou d'autres autorités ou organismes, conformément au paragraphe premier.

Chapitre V - Reconnaissance et effets de l'adoption

Art. 23. 1. Une adoption certifiée conforme à la Convention par l'autorité compétente de l'État contractant où elle a eu lieu est reconnue de plein droit dans les autres États contractants. Le certificat indique quand et par qui les acceptations visées à l'article 17, lettre c, ont été données.

2. Tout État contractant, au moment de la signature, de la ratification, de l'acceptation, de l'approbation ou de l'adhésion, notifiera au dépositaire de la Convention l'identité et les fonctions de l'autorité ou des autorités qui, dans cet État, sont compétentes pour délivrer le certificat. Il lui notifiera aussi toute modification dans la désignation de ces autorités.

Art. 24. La reconnaissance d'une adoption ne peut être refusée dans un État contractant que si l'adoption est manifestement contraire à son ordre public, compte tenu de l'intérêt supérieur de l'enfant.

Art. 25. Tout État contractant peut déclarer au dépositaire de la Convention qu'il ne sera pas tenu de reconnaître en vertu de celle-ci les adoptions faites conformément à un accord conclu en application de l'article 39, paragraphe 2.

Art. 26. 1. La reconnaissance de l'adoption comporte celle :

a - du lien de filiation entre l'enfant et ses parents adoptifs ;

b - de la responsabilité parentale des parents adoptifs à l'égard de l'enfant ;

c - de la rupture du lien préexistant de filiation entre l'enfant et sa mère et son père, si l'adoption produit cet effet dans l'État contractant où elle a eu lieu.

2. Si l'adoption a pour effet de rompre le lien préexistant de filiation, l'enfant jouit, dans l'État d'accueil et dans tout autre État contractant où l'adoption est reconnue, des droits équivalents à ceux résultant d'une adoption produisant cet effet dans chacun de ces États.

3. Les paragraphes précédents ne portent pas atteinte à l'application de toute disposition plus favorable à l'enfant, en vigueur dans l'État contractant qui reconnaît l'adoption.

Art. 27. 1. Lorsqu'une adoption faite dans l'État d'origine n'a pas pour effet de rompre le lien préexistant de filiation, elle peut, dans l'État d'accueil qui reconnaît l'adoption conformément à la Convention ; être convertie en une adoption produisant cet effet,

a - si le droit de l'État d'accueil le permet ; et

b - si les consentements visés à l'article 4, lettres c et d, ont été ou sont donnés en vue d'une telle adoption.

2. L'article 23 s'applique à la décision de conversion.

Textes de loi

Chapitre VI - Dispositions générales

Art. 28. La Convention ne déroge pas aux lois de l'État d'origine qui requièrent que l'adoption d'un enfant résidant habituellement dans cet État doive avoir lieu dans cet État ou qui interdisent le placement de l'enfant dans l'État d'accueil ou son déplacement vers cet État avant son adoption.

Art. 29. Aucun contact entre les futurs parents adoptifs et les parents de l'enfant ou toute autre personne qui a la garde de celui-ci ne peut avoir lieu tant que les dispositions de l'article 4, lettres a à c, et de l'article 5, lettre a, n'ont pas été respectées, sauf si l'adoption a lieu entre membres d'une même famille ou si les conditions fixées par l'autorité compétente de l'État d'origine sont remplies.

Art. 30. 1. Les autorités compétentes d'un État contractant veillent à conserver les informations qu'elles détiennent sur les origines de l'enfant, notamment celles relatives à l'identité de sa mère et de son père, ainsi que les données sur le passé médical de l'enfant et de sa famille.

2. Elles assurent l'accès de l'enfant ou de son représentant à ces informations, avec les conseils appropriés, dans la mesure permise par la loi de leur État.

Art. 31. Sous réserve de l'article 30, les données personnelles rassemblées ou transmises conformément à la Convention, en particulier celles visées aux articles 15 et 16, ne peuvent être utilisées à d'autres fins que celles pour lesquelles elles ont été rassemblées ou transmises.

Art. 32. 1. Nul ne peut tirer un gain matériel indu en raison d'une intervention à l'occasion d'une adoption internationale.

2. Seuls peuvent être demandés et payés les frais et dépenses, y compris les honoraires raisonnables des personnes qui sont intervenues dans l'adoption.

3. Les dirigeants, administrateurs et employés d'organismes intervenant dans une adoption ne peuvent recevoir une rémunération disproportionnée par rapport aux services rendus.

Art. 33. Toute autorité compétente qui constate qu'une des dispositions de la Convention a été méconnue ou risque manifestement de l'être en informe aussitôt l'Autorité centrale de l'État dont elle relève. Cette Autorité centrale a la responsabilité de veiller à ce que les mesures utiles soient prises.

Art. 34. Si l'autorité compétente de l'État destinataire d'un document le requiert, une traduction certifiée conforme doit être produite. Sauf dispense, les frais de traduction sont à la charge des futurs parents adoptifs.

Art. 35. Les autorités compétentes des États contractants agissent rapidement dans les procédures d'adoption.

Art. 36. Au regard d'un État qui connaît, en matière d'adoption, deux ou plusieurs systèmes de droit applicables dans des unités territoriales différentes :

a - toute référence à la résidence habituelle dans cet État vise la résidence habituelle dans une unité territoriale de cet État ;

b - toute référence à la loi de cet État vise la loi en vigueur dans l'unité territoriale concernée ;

c - toute référence aux autorités compétentes ou aux autorités publiques de cet État vise les autorités habilitées à agir dans l'unité territoriale concernée ;

d - toute référence aux organismes agréés de cet État vise les organismes agréés dans l'unité territoriale concernée.

Art. 37. Au regard d'un État qui connaît, en matière d'adoption, deux ou plusieurs systèmes de droit applicables à des catégories différentes de personnes, toute référence à la loi de cet État vise le système de droit désigné par le droit de celui-ci.

Art. 38. Un État dans lequel différentes unités territoriales ont leurs propres règles de droit en matière d'adoption ne sera pas tenu d'appliquer la Convention lorsqu'un État dont le système de droit est unifié ne serait pas tenu de l'appliquer.

Art. 39. 1. La Convention ne déroge pas aux instruments internationaux auxquels des États contractants sont parties et qui contiennent des dispositions sur les matières réglées par la présente Convention, à moins qu'une déclaration contraire ne soit faite par les États liés par de tels instruments.

2. Tout État contractant pourra conclure avec un ou plusieurs autres États contractants des accords en vue de favoriser l'application de la Convention dans leurs rapports réciproques. Ces accords ne pourront déroger qu'aux dispositions des articles 14 à 16 et 18 à 21. Les États qui auront conclu de tels accords en transmettront une copie au dépositaire de la Convention.

Art. 40. Aucune réserve à la Convention n'est admise.

Art. 41. La Convention s'applique chaque fois qu'une demande visée à l'article 14 a été reçue après l'entrée en vigueur de la Convention dans l'État d'accueil et l'État d'origine.

Art. 42. Le Secrétaire général de la Conférence de La Haye de droit international privé convoque périodiquement une Commission spéciale afin d'examiner le fonctionnement pratique de la Convention.

Chapitre VII - Clauses finales

Art. 43. 1. La convention est ouverte à la signature des États, qui étaient membres de la Conférence de La Haye de droit international privé lors de sa dix-septième session et des autres États qui ont participé à cette session.

2. Elle sera ratifiée, acceptée ou approuvée et les instruments de ratification, d'acceptation ou d'approbation seront déposés auprès du ministère des Affaires étrangères du royaume des Pays-Bas, dépositaire de la Convention.

Art. 44. 1. Tout autre État pourra adhérer à la convention après son entrée en vigueur en vertu de l'article 46, paragraphe 1.

2. L'instrument d'adhésion sera déposé auprès du dépositaire.

3. L'adhésion n'aura d'effet que dans les rapports entre l'État adhérant et les États contractants qui n'auront pas élevé d'objection à son encontre dans les six mois après la réception de la notification prévue à l'article 48, lettre b. Une telle objection pourra également être élevée par tout État au moment d'une ratification, acceptation ou approbation de la Convention, ultérieure à l'adhésion. Ces objections seront notifiées au dépositaire.

Art. 45. 1. Un État qui comprend deux ou plusieurs unités territoriales dans lesquelles des systèmes de droit différents s'appliquent aux matières régies par cette Convention pourra, au moment de la signature, de la ratification, de l'acceptation, de l'approbation ou de l'adhésion, déclarer que la présente Convention s'appliquera à toutes ses unités territoriales ou seulement à l'une ou à plusieurs d'entre elles, et pourra à tout moment modifier cette déclaration en faisant une nouvelle déclaration.

2. Ces déclarations seront notifiées au dépositaire et indiqueront expressément les unités territoriales auxquelles la Convention s'applique.

3. Si un État ne fait pas de déclaration en vertu du présent article, la Convention s'appliquera à l'ensemble du territoire de cet État.

Art. 46. 1. La Convention entrera en vigueur le premier jour du mois suivant l'expiration d'une période de trois mois après le dépôt du troisième instrument de ratification d'acceptation ou d'approbation prévu par l'article 43.

2. Par la suite, la Convention entrera en vigueur :

a - pour chaque État ratifiant, acceptant ou approuvant postérieurement, ou adhérant, le premier jour du mois suivant l'expiration d'une période de trois mois après le dépôt de son instrument de ratification, d'acceptation, d'approbation ou d'adhésion ;

b - pour les unités territoriales auxquelles la Convention a été étendue conformément à l'article 45, le premier jour du mois suivant l'expiration d'une période de trois mois après la notification visée dans cet article.

Art. 47. 1. Tout État partie à la convention pourra dénoncer celle-ci par une notification adressée par écrit au dépositaire.

2. La dénonciation prendra effet le premier jour du mois suivant l'expiration d'une période de douze mois après la date de réception de la notification par le dépositaire. Lorsqu'une période plus longue pour la prise d'effet de la dénonciation est spécifiée dans la notification, la dénonciation prendra effet à l'expiration de la période en question après la date de réception de la notification.

Art. 48. Le dépositaire notifiera aux États membres de la Conférence de La Haye de droit international privé, aux autres États qui ont participé à la dix-septième session, ainsi qu'aux États qui auront adhéré conformément aux dispositions de l'article 44 :

a - les signatures, ratifications, acceptations et approbations visées à l'article 43 ;

b - les adhésions et les objections aux adhésions visées à l'article 44 ;

c - la date à laquelle la convention entrera en vigueur conformément aux dispositions de l'article 46 ;

d - les déclarations et les désignations mentionnées aux articles 22, 23, 25 et 45 ;

e - les accords mentionnés à l'article 39 ;

f - les dénonciations visées à l'article 47.

En foi de quoi, les soussignés, dûment autorisés, ont signé la présente convention.

LEXIQUE

A

Adoption plénière : mode de filiation adoptive qui entraîne la rupture définitive et irrévocable des liens d'origine de l'adopté avec ses parents par le sang.

Adoption simple : mode de filiation adoptive qui n'entraîne pas la rupture des liens d'origine de l'adopté avec ses parents par le sang.

Agrément : document administratif obligatoire délivré par le président du conseil général aux personnes qui désirent adopter un pupille de l'État ou un enfant étranger.

Apostille : formule apposée par la cour d'appel du département de résidence des candidats à une adoption attestant de l'authenticité des actes et documents publics et privés fournis lors de la constitution d'un dossier d'adoption internationale.

Apparentement : phase procédurale observée par les autorités étrangères qui consiste à proposer concrètement à des candidats à l'adoption internationale un enfant en vue de son adoption.

C

Conseil de famille : organe de tutelle composé de plusieurs membres de la famille de l'enfant pour qui une tutelle a été ouverte, chargé de prendre, avec le tuteur, les décisions graves relatives à la personne et au patrimoine du mineur. Lorsque l'enfant est pupille de l'État, le conseil de famille est composé de représentants du conseil général, des membres d'associations familiales, des personnalités qualifiées désignées par le préfet.

E

Exequatur : procédure judiciaire exercée devant les tribunaux français afin de rendre exécutoire en France une décision de justice rendue par une juridiction étrangère. Cette procédure est obligatoire pour toutes les décisions étrangères, sauf pour celles qui portent sur l'état des personnes.

K

Kafala : mode de recueil légal d'un enfant en droit musulman.

L

Légalisation : procédure diligentée par le ministère des Affaires étrangères, lors de la constitution d'un dossier d'adoption internationale, qui garantit la conformité des documents publics et privés à la législation française, après que ceux-ci aient été authentifiés auprès des instances compétentes dont ils émanent.

O

Obligation alimentaire : obligation légale d'apporter des aliments aux personnes qui sont dans le besoin. Elle s'impose entre certains membres d'une famille.

Organisme d'adoption agréé (OAA) : organisme privé d'adoption habilité par le président du conseil général du département à servir d'intermédiaire à l'adoption entre un enfant et des candidats à l'adoption résidant dans ce département.

P

Pupille de l'État : statut d'un enfant recueilli par l'Aide sociale à l'enfance et en attente d'adoption simple ou plénière.

R

Requête en adoption : demande d'adoption d'un enfant placé en vue de son adoption au domicile du requérant depuis plus de six mois, présentée devant le tribunal de grande instance.

Révocation de l'adoption : annulation judiciaire pour motifs graves d'un jugement d'adoption. La révocation n'est permise qu'en cas d'adoption simple.

T

Tierce opposition : voie de recours contre une décision de justice, ouverte aux personnes qui ne sont ni parties ni représentées à l'instance, et auxquelles la décision attaquée fait grief.

Tutelle : procédure judiciaire de protection de la personne et des biens d'un mineur orphelin ou dont les parents n'exercent plus l'autorité parentale.

Tuteur : personne majeure désignée juridiquement titulaire, avec le conseil de famille, des droits et obligations sur la personne et le patrimoine du mineur lors de l'ouverture d'une tutelle. Le tuteur accomplit seul les actes de la vie courante, et prend avec le conseil de famille les décisions les plus graves.

INDEX ALPHABÉTIQUE

A

Index alphabétique

H

I

J

K

L

M

N

O

P

R

Index alphabétique

Aubin Imprimeur
LIGUGÉ, POITIERS

Achevé d'imprimer en décembre 2004
N° d'impression L 67813
Dépôt légal décembre 2004
Imprimé en France